「通古察今」系列丛书

德国早期马克思主义史学研究

孙立新 著

河南人民出版社

图书在版编目(CIP)数据

德国早期马克思主义史学研究 / 孙立新著. — 郑州：河南人民出版社，2019.12(2024.5重印)

("通古察今"系列丛书)

ISBN 978-7-215-12111-9

Ⅰ. ①德… Ⅱ. ①孙… Ⅲ. ①马克思主义-史学-研究-德国 Ⅳ. ①A811.692

中国版本图书馆CIP数据核字(2019)第273234号

河南人民出版社 出版发行

(地址：郑州市郑东新区祥盛街27号 邮政编码:450016 电话:0371-65788077)

新华书店经销　　　　　　　　永清县晔盛亚胶印有限公司印刷

开本　787毫米×1092毫米　　　1/32　　　印张　4

字数　57千字

2019年12月第1版　　　　　　　2024年5月第3次印刷

定价：48.00元

"通古察今"系列丛书编辑委员会

顾　问　刘家和　瞿林东　郑师渠　晁福林
主　任　杨共乐
副主任　李　帆
委　员　(按姓氏拼音排序)
　　　　安　然　陈　涛　董立河　杜水生　郭家宏
　　　　侯树栋　黄国辉　姜海军　李　渊　刘林海
　　　　罗新慧　毛瑞方　宁　欣　庞冠群　吴　琼
　　　　张　皓　张建华　张　升　张　越　赵　贞
　　　　郑　林　周文玖

序　言

在北京师范大学的百余年发展历程中，历史学科始终占有重要地位。经过几代人的不懈努力，今天的北京师范大学历史学院业已成为史学研究的重要基地，是国家首批博士学位一级学科授予权单位，拥有国家重点学科、博士后流动站、教育部人文社会科学重点研究基地等一系列学术平台，综合实力居全国高校历史学科前列。目前被列入国家一流大学一流学科建设行列，正在向世界一流学科迈进。在教学方面，历史学院的课程改革、教材编纂、教书育人，都取得了显著的成绩，曾荣获国家教学改革成果一等奖。在科学研究方面，同样取得了令人瞩目的成就，在出版了由白寿彝教授任总主编、被学术界誉为"20世纪中国史学的压轴之作"的多卷本《中国通史》后，一批底蕴深厚、质量高超的学术论著相继问世，如八卷本《中国文化发展史》、二十卷本"中国古代社会和政治研究丛书"、三卷本《清代理学史》、五卷本《历史文化认同与中国统一多民族国家》、二十三卷本《陈垣全集》，以及《历史视野下的中华民族精神》《中西古代历史、史学与理论比较研究》《上博简〈诗论〉研究》等,这些著作皆声誉卓著,在学界产生较大影响,得到同行普遍好评。

除上述著作外,历史学院的教师们潜心学术,以探索精神攻关,又陆续取得了众多具有原创性的成果,在历史学各分支学科的研究上连创佳绩,始终处在学科前沿。为了集中展示历史学院的这些探索性成果,我们组织编写了这套"通古察今"系列丛书。丛书所收著作多以问题为导向,集中解决古今中外历史上值得关注的重要学术问题,篇幅虽小,然问题意识明显,学术视野尤为开阔。希冀它的出版,在促进北京师范大学历史学科更好发展的同时,为学术界乃至全社会贡献一批真正立得住的学术佳作。

当然,作为探索性的系列丛书,不成熟乃至疏漏之处在所难免,还望学界同人不吝赐教。

北京师范大学历史学院
北京师范大学史学理论与史学史研究中心
北京师范大学"通古察今"系列丛书编辑委员会
2019年1月

目　录

引　言 \ 1

一、马克思主义历史研究在德国的兴起 \ 3

二、梅林的历史观和历史研究 \ 17

　　（一）梅林论唯物主义历史观 \ 17

　　（二）梅林对普鲁士历史的解说 \ 38

　　（三）梅林对德国工人运动史的解说 \ 50

三、德国早期马克思主义史学的分化和外流 \ 68

　　（一）德国社会民主党左派马克思主义史学家 \ 69

　　（二）德国共产党马克思主义史学家 \ 76

　　（三）德国共产党以外的马克思主义史学家 \ 91

结　语 \ 111

参考文献 \ 114

引　言

　　德国是马克思和恩格斯的故乡。然而，马克思主义史学在德国却经历了一个相当曲折的发展过程。1848年德国资产阶级革命失败后，马克思和恩格斯被迫流亡国外，马克思主义也在德国遭到了封杀。直到19世纪60年代末70年代初，随着马克思主义信仰者的积极活动和社会民主工党的建立，一部分工人运动领袖才开始学习马克思、恩格斯著作，逐步掌握并自觉地运用历史唯物主义来研究历史问题。但到第一次世界大战前夕，由于修正主义泛滥，德国社会民主党日益蜕变为资产阶级政党，只有少数左派坚决捍卫马克思主义，继续恪守社会革命原则，积极奉行无产阶级国际主义精神。1918年，德国共产党在"十一月革命"的风暴中诞生，它的一些成员热情宣传马克思列宁主义，认真总结历史上的经验教训，进一步丰富、发展了马克思主义的历史观和史学观。而在20世纪20—40年代，除了以德国共产党人为代表的马克思列宁主义史学外，还有一部分知识分子也热衷于研究马克思主义，努力运用他们所理解的马克思主义历史理论考察历史问题，为推动马克思主义历史编纂做出了一定的贡献。但在1933年希特勒篡夺国家政权之后，德国共产党被强令禁止，绝大多数共产党人都遭到了残酷迫害，德国的马克思主义史学再度陷入低潮，只有个别流亡国外的马克思主义者能够继续进行研究和宣传工作，为马克思主义史学薪火相传做出了重要贡献。

一、马克思主义历史研究在德国的兴起

1849年7月23日,由法兰克福国民议会"护宪派"所把守的最后一个据点——拉斯塔特要塞被普鲁士、汉诺威和萨克森三国王的联盟军队攻陷,德国历史上第一次大规模的资产阶级革命以失败告终,它所肩负的"自由和统一"的历史使命也没有完成。

革命失败后,德国重新陷入混乱迷惘状态。一切改革计划都被抛弃,封建的、专制的、教权主义的倾向重新复活,贵族和教会势力卷土重来,反自由主义、反民族主义、反社会主义的反动派猖獗一时。在奥地利的控制下,旧邦联议会不仅恢复了,而且还成立中央委员会以推行反动政策,建立中央警察部门以加强镇压措施的效果。各邦国君主也竞相取消革命期间产生的人民基本权利，恢复以军队为依靠的封建专制统治。在奥地利，自由主义宪法被废除，议会被解散，乡镇自治机构陷入瘫痪，斯拉夫人和匈牙利人的民族运动遭到无情镇压。在普鲁士，宪法虽然没有被正式废除，但贵族重新掌权，教士的势力也有所增长，报刊、公众生活和公职人员重新受到官僚机构和警察的监视，学校则被置于新建立的宗教区委员会的管辖之下。所有政治协会都被取缔，工人罢工被禁止。

倒行逆施的反动统治迫使马克思、恩格斯和其他政治自由派人士流亡国外，马克思主义理论体系也在德国遭到封杀。渴望自由和民主但本性"温和"、软弱的德意志资产阶级放弃了政治上单独统治的要求，转而投身到办公司、建企业等逐钱牟利的经营活动之中，甚至为了利益而不惜放弃原则，从封建专制政权的反对者转变为容克贵族奥托·冯·俾斯麦（Otto von Bismarck，1815—1898）"铁血政策"的支持者。日益增多的产业工人则大都加入了各种各样的互助储金会、工人教育协会以及其他兼有地方职业工会和兄弟协会性质的工人组织，比如柏林机器制造业工人协会、全德印刷工人协会、古腾堡联盟和德国卷烟工人协会

一、马克思主义历史研究在德国的兴起

等。但在最初,这些组织主要受资产阶级自由派的影响,无意于革命,而是旨在改良,只主张在现存的政治和经济条件下改善工人生活。

到19世纪50年代末60年代初,随着资本主义经济的进一步发展,德国工人阶级的力量也不断壮大,摆脱资产阶级自由派的卵翼、开展独立的政治斗争、建立独立的政党的要求日益强烈。

1863年5月28日,"全德工人联合会"在莱比锡成立。1869年8月7日,"德国社会民主工党"在埃森纳赫成立。1875年5月,社会民主工党和全德工人联合会合并,正式成立了统一的"德国社会主义工人党";1891年10月,该党在爱尔福特举行代表大会,更名为"德国社会民主党"。

随着工人运动的蓬勃兴起和发展,马克思主义和马克思主义历史理论也在德国迅速传播开来。对此,德国工人运动的主要领导人威廉·李卜克内西(Wilhelm Liebknecht,1826—1900)、奥古斯特·倍倍尔(August Bebel,1840—1913)、早年的卡尔·考茨基(Karl Kautsky,1854—1938)和爱德华·伯恩施坦(Eduard Bernstein,1850—1932)、弗兰茨·梅林(Franz

Mehring，1846—1919）等都做出过重要贡献，而梅林的贡献尤其突出。

威廉·李卜克内西出生于德国黑森邦吉森市一个资产阶级知识分子家庭，受过系统的学校教育，思想十分激进，曾在1848年9月率领一支民主派起义队伍由瑞士进入巴登，建立"共和国临时政府"。革命失败后，威廉·李卜克内西流亡伦敦，在马克思和恩格斯的帮助下，参加了共产主义者同盟和伦敦德意志工人教育协会的工作。他也接受了马克思主义，并在1862年以马克思的代表身份回到德国进行宣传。

就其从事的工作来看，威廉·李卜克内西几乎终生都是一位党的新闻工作者，也是马克思主义在德国的最早传播者，他不仅在其主编的报刊上刊登过多篇包含有论述历史问题内容的马克思、恩格斯作品[1]，而且还发表了许多论述英、法两国的革命事件、时事政治和民众运动的报告和演讲，积极传达马克思、恩格

---

[1] 例如，他曾在莱比锡《中德意志人民报》上开辟"劳动与工人"专栏，刊登了马克思写作的《国际工人协会成立宣言》；在《民主周报》上刊登了恩格斯写作的《资本论》书评；在《人民国家报》上全文发表了马克思的《法兰西内战》；在《前进报》上发表了恩格斯的《反杜林论》。

一、马克思主义历史研究在德国的兴起

斯对于德国革命的指示。而在《法国革命史》《反对军国主义和反对新税》《基本问题——土地问题》《不要任何妥协》《社会民主党人是怎样的人以及他们要求些什么》等著作中,威廉·李卜克内西更是自觉地运用历史唯物主义观点来分析社会发展的必然趋势。

奥古斯特·倍倍尔出生于社会下层,终生以木旋工为职业,堪称"真正的工人阶级的儿子"[1]。他最初是在"全德工人联合会"创始人斐迪南·拉萨尔(Ferdinand Lassalle,1825—1864)的影响下投身社会主义运动的,但在结识威廉·李卜克内西并阅读了马克思的《政治经济学批判》之后,迅速转向了马克思主义。

通过认真学习和深入考察,倍倍尔写作并发表了《妇女和社会主义》(最初在1879年以《妇女在过去、现在和将来》的书名出版)、《我的一生》和《基督教和社会主义》等论著,运用历史唯物主义原理分析历史和现实问题,比较科学地阐述了妇女解放与无产阶级革命的关系,揭示了基督教的产生和发展演变过程及

---

[1] 〔美〕科佩尔·S.平森:《德国近现代史——它的历史和文化》上册,范德一译,商务印书馆1987年版,第280页。

其本质。

威廉·李卜克内西和奥古斯特·倍倍尔虽然较早地接受了马克思主义历史理论,但未出版专门的历史研究著作。德国早期马克思主义史学的代表作主要出自卡尔·考茨基之手。1888年,考茨基出版《托马斯·莫尔及其乌托邦》,从历史唯物主义角度出发,对欧洲空想社会主义的先驱、英国政治家和人文主义者托马斯·莫尔(Thomas More,1478—1535)的生平事迹进行了科学分析,为马克思主义史学研究树立了榜样。[1]

考茨基在第一次世界大战前曾是马克思和恩格斯的学生和亲密战友、著名的马克思主义理论权威。[2]他出生在奥地利帝国的布拉格,自幼怀有激进的亲捷民族主义情绪。中学时期,在1871年巴黎公社革命的影响下,他开始关注社会问题和社会主义,阅读了许多社会主义书刊和小说,对路易·勃朗(Louis

---

[1] Klaus Kinner, *Marxistische deutsche Geschichte 1917 bis 1933: Geschichte und Politik im Kampf der KPD,* Berlin: Akad.–Verl., 1982, S. 17.

[2] 中国人民大学马列主义发展史研究所编:《马克思主义史》第一卷《马克思主义的形成和奠基》,庄福龄主编,冯景源、顾海良副主编,人民出版社1996年版,第784页。

Blanc，1811—1882）、弗里德里希·朗格（Friedrich Lange，1828—1875）和拉萨尔的著作尤其感兴趣。1875年，考茨基加入奥地利社会民主党，不久又开始为《前进报》撰稿，与威廉·李卜克内西和奥古斯特·倍倍尔有过比较密切的个人接触，1877年正式加入德国社会主义工人党。

1881年3月，考茨基被派往伦敦会见马克思和恩格斯，由激进的民主主义逐步转向马克思主义。此后，因为经常相处，他与恩格斯建立了深厚的友谊，并受到后者的莫大信任。1883年1月，考茨基创办了后来成为德国社会民主党正式理论刊物的《新时代》杂志，并亲自担任主编，直至1917年，时间长达35年。也正是在这个时期，考茨基撰写并发表了一系列著作，积极传播和普及马克思主义，特别是马克思主义的经济理论和历史理论。他也运用历史唯物主义原理和方法，对人类社会的史前史、杰出的历史人物和基督教的起源等问题进行了比较深入的探讨。其最主要的历史研究著作除了《托马斯·莫尔及其乌托邦》以外，还有《1789年的阶级斗争》（1889）、《从柏拉图到再洗礼派》（1894）、《恩格斯的生平和著作》（1895）、《马克思主义的三次危机》(1903)、《马克思及其历史意义》(1908)、《基督教的起源》(1908)、《自然界和社会中的增殖和发展》(1910)等等。

考茨基不仅捍卫和宣传了马克思主义和马克思主义的历史理论，在某些方面还作出了一定的深化和发展，具体阐述了唯物史观的方法论实质、唯物史观对社会历史研究的整体性要求和历史性要求、个人和人民群众在历史上的作用等问题，有力地推动了马克思主义人文社会科学的分支学科和历史学派的形成。然而，到第一次世界大战爆发时，随着国内国际政治经济形势的急剧变化，也由于其折中主义进化论的世界观，考茨基在关于时代、战争与和平、无产阶级革命和无产阶级专政等一系列重大问题上，形成了一套完整的机会主义理论，堕落为沙文主义者和机会主义者，受到列宁和德国工人运动左派领袖的尖锐批判。

在马克思主义历史理论的传播史上，爱德华·伯恩施坦也发挥过重要作用，尽管他后来大肆宣扬"和平长入社会主义"，成为了修正主义的鼻祖。

伯恩施坦出生于柏林一个火车司机家庭。学生时代，就曾组织过"乌托邦"讨论俱乐部，1872年加入

一、马克思主义历史研究在德国的兴起

德国社会民主工党。1878年,为逃避俾斯麦政府的迫害,伯恩施坦流亡瑞士苏黎世,担任《社会科学年鉴》编辑。在阅读了恩格斯的《反杜林论》后,伯恩施坦逐渐接受了马克思主义的历史唯物主义和社会主义革命理论。1880年2月,在倍倍尔的介绍下,他到伦敦拜访了马克思和恩格斯,并与恩格斯建立了通信关系。从1881年起,伯恩施坦在德国社会民主党中央秘密机关报《社会民主党人报》上发表了大量社论和文章,比较准确地阐述了马克思主义的科学社会主义理论,也相当深刻地批判了在爱森纳赫派和拉萨尔派合并后德国社会主义工人党内残存的拉萨尔主义,例如"由国家贷款成立合作社来解决社会问题""自由人民国家""社会王国"等观点。他还撰写了一些论述英国资产阶级革命中的人民运动的历史文章,极大地丰富了马克思主义的历史编纂。[1] 只是在1895年恩格斯逝世后,伯恩施坦为19世纪末垄断资本主义经济和资产阶级议会民主发展新情况所迷惑,逐步滑入修正主义

---

[1] Klaus Kinner, *Marxistische deutsche Geschichte 1917 bis 1933 : Geschichte und Politik im Kampf der KPD*, Berlin: Akad.–Verl., 1982, S. 18.

泥潭，甚至成为社会沙文主义者和帝国主义者。

与考茨基、伯恩施坦等人后来的蜕变不同，弗兰茨·梅林是马克思主义革命理论的忠诚捍卫者，也是19世纪后期德国最重要的马克思主义史学家。

1846年2月27日，梅林出生于德国波美拉尼亚施韦拉的一个普鲁士官僚家庭。1866年进入莱比锡大学哲学系学习，1868年又转入柏林大学哲学系，主攻古典哲学，但很快就以新闻工作者的身份投身于新闻战线的斗争中了，直到1882年，也就是在他离开柏林大学12年之后，才参加学位考试，取得哲学博士学位。

由于家庭的影响，梅林在青少年时期思想比较保守。大学期间，在资产阶级民主主义和社会改良主义思潮的熏陶下，其自由解放意识逐渐加强。自1875年起，他与威廉·李卜克内西建立了联系，对德国社会主义工人党和马克思主义产生了浓厚兴趣。他在读到了马克思的《法兰西内战》等著作后，立即写信给马克思和恩格斯，向他们请教并寄赠自己的作品，请他们批评指正。在马克思和恩格斯的帮助下，梅林的思想有了很大转变。

一、马克思主义历史研究在德国的兴起

1882年以后,在反对俾斯麦政府反动政策的斗争中,梅林日益坚定地成为了工人阶级的辩护士,并在1891年加入德国社会民主党,最终从资产阶级民主主义者转变为马克思主义者。与此同时,他也深入研究了马克思和恩格斯的著作,不仅接受了科学社会主义理论,而且成为了唯物史观的坚决拥护者,并将历史唯物主义的理论和方法出色地运用于实践,写作了一系列论述普鲁士历史、德国历史和德国工人运动史的著作,其中包括《莱辛传奇》《社会民主党史》《中世纪末期以来的德国史》和《马克思传》等。

《莱辛传奇》最初刊登于1891—1892年的《新时代》杂志上,1893年单独出版发行。在此书中,梅林用历史唯物主义观点分析了18世纪德国启蒙运动时期重要作家和文艺理论家戈特霍尔德·莱辛(Gotthold Lessing,1729—1781)的作品,反击了资产阶级学者对莱辛创作风格的歪曲和捏造,从各个方面论述了普鲁士的历史。为了回答读者提出的问题,梅林还在该书后面附上了《论历史唯物主义》一文,比较通俗地阐述了马克思主义的唯物史观。对于梅林的《莱辛传奇》,恩格斯曾有高度评价,说它是"现有的对普鲁士国家形成过程的最好的论述，……是唯一好的论述，对大多数事情，甚至各个细节，都正确地揭示出相互联系"[1]。对于梅林运用唯物史观的能力，恩格斯也予以肯定。

梅林写作的《社会民主党史》在1893—1898年初版时只有两卷，1903—1904年再版发行，并被扩充为四卷。这是第一部运用唯物史观论述工人运动史的科学著作，它叙述了德国经济和政治发展的根本特点、德国工人运动的兴起和发展、马克思和恩格斯的理论和实践活动、工人运动同科学社会主义的结合、马克思主义工人政党的形成和壮大等一系列事件，也讨论了德国工人阶级的分裂和社会民主党内的斗争。该书的出版堪称"在马克思和恩格斯逝世之后，德国社会民主党中马克思主义历史编纂学的顶峰"[2]。

1910年出版的《中世纪末期以来的德国史》则是梅林写作的一部马克思主义德国史教科书。迄今，它

---

[1]〔德〕弗里德里希·恩格斯：《恩格斯致弗·梅林（1893年7月14日于伦敦）》，载中共中央马克思恩格斯列宁斯大林著作编译局编译《马克思恩格斯选集》第四卷，人民出版社1995年第2版，第728页。

[2]〔民主德国〕约·施拉夫斯坦：《梅林传——他的马克思主义创作（1891—1919）》，邓仁娥等译，人民出版社1989年版，第37页。

一、马克思主义历史研究在德国的兴起

已经被翻译成多种文字,在世界范围广为流传。

对于无产阶级的革命导师马克思,梅林深怀敬仰和爱戴之情,很早就想为之作传。通过对所掌握的大量原始资料的努力研究,鸿篇巨制的《马克思传》终于在1916年6月完稿,但由于战时书报检查机关的刁难,这一传记直到1918年春天才得问世。在该书中,梅林对既是学者又是革命家的马克思的生平事迹作了完整、生动的叙述,特别是讲述了他和恩格斯创立马克思主义的经过、他在1848年革命和第一国际中的卓越斗争和活动。这部传记,正如克拉拉·蔡特金(Clara Zetkin,1857—1933)所说的那样,是"科学社会主义创始人的令人感激和深深尊敬的永恒纪念碑"[1]。

除此之外,梅林还发表了若干专门论述普鲁士历史的著述,例如1889年刊登于《柏林人民报》上的论文《霍亨索伦王朝和宗教改革》和1906年的论文《耶纳和提尔西特——易北河以东的容克史中的一章》,以及在1912年和1913年出版的《从提尔西特到陶罗根》和《从卡利什到卡尔斯巴德》两部著作。

---

[1] 陆世澄:《弗兰茨·梅林》,载《世界历史译丛》1980年第6期,第91页。

梅林也为搜集、整理马克思、恩格斯遗著和拉萨尔致马克思的书信做出了杰出贡献。他编辑的三卷本《马克思恩格斯遗著选》和作为该书第四卷的《拉萨尔书信》在1901年和1902年由狄茨出版社出版发行。梅林为马克思、恩格斯遗著写的引言和注释，包含着许多十分有价值的有关德国工人运动史，特别是马克思主义形成史的资料。

在19世纪末20世纪初世界进入帝国主义时代，德国社会民主党内修正主义日益泛滥之际，梅林与倍倍尔、蔡特金、卡尔·李卜克内西（Karl Liebknecht, 1871—1919）和罗莎·卢森堡（Rosa Luxemburg, 1871—1919）等左派领袖一起，坚决反击修正主义者阉割和抛弃马克思主义阶级斗争和无产阶级专政理论的行径，致力于维护马克思主义的精髓。他还在1916年1月加入"斯巴达克派"，1918年12月加入德国共产党，为德国无产阶级和世界各国人民的革命事业奋斗不息，直至1919年1月29日生命终止。

二、梅林的历史观和历史研究

作为马克思主义历史科学的开拓者之一,梅林不仅著述丰富,而且还在其著作中阐述了他对历史唯物主义的深刻理解和对德国历史,特别是德国工人运动史的精辟见解。要深入了解德国早期马克思主义史学,有必要对梅林的历史观和历史研究作进一步的考察。

(一)梅林论唯物主义历史观

梅林承认唯物史观是马克思主义思想体系的理论基石,是"研究人类发展过程的科学方法"[1]。他援引马克思在1859年发表的《政治经济学批判》序言、马克

---

[1] 〔德〕梅林:《论历史唯物主义》,载梅林《保卫马克思主义》,吉洪译,人民出版社1982年版,第25页。

思和恩格斯在1848年合作起草的《共产党宣言》以及恩格斯在1883年写作的《在马克思墓前的讲话》，比较准确地阐述了历史唯物主义的基本要点。这就是：社会存在决定社会意识；社会生产决定着所有历史事件的发生和发展，决定着阶级斗争规律的形式和特点；由社会生产所决定的历史事件和阶级斗争是一切分裂为阶级的社会的社会形态，特别是资本主义社会的发展动力；无产阶级的历史使命就是推翻依然存在着剥削的资本主义旧社会和建设摆脱了剥削的社会主义新社会；无产阶级革命是历史的必然，工人阶级夺取政权是其社会解放的唯一道路；国家、法律和一切社会、政治、哲学、宗教和艺术的思想都具有阶级性。[1]

我们现在已经知道，马克思主义唯物史观的创立是一场伟大的思想革命，它第一次把历史学从神学婢女和唯心主义奴仆的地位中解放了出来，使之成为一种既具有求真的学术功能，又具有求解放的社会功能的真正的科学。马克思和恩格斯完全改变了以往用"神""人"和"观念"说明社会发展的唯心史观，坚持

---

[1] 〔德〕梅林：《论历史唯物主义》，载梅林《保卫马克思主义》，吉洪译，人民出版社1982年版，第5—9页。

二、梅林的历史观和历史研究

把物质生产看作历史的源头,把人们在生产过程中形成的相互关系当作说明人的行为和一切社会现象的基本依据,破天荒地把对社会历史的认识奠定在科学的基础之上。社会科学只是在历史唯物主义创立后才真正成为一门科学。

然而,在梅林所处的时代,除了个别的例外,绝大多数资产阶级学者都极力蔑视和反对历史唯物主义,他们指摘历史唯物主义是"少数几个'聪明的煽动家'所杜撰的'幻想'",胡说马克思和恩格斯创立的"历史唯物主义是一种任意的历史结构"。对此,梅林予以坚决驳斥,他也在驳斥资产阶级学者这些"既愚蠢而又廉价的"说法过程中,以论战的方式阐述了唯物史观的主要思想和观点。[1]

唯物史观是马克思和恩格斯在19世纪中叶创立的。如同一切意识形态的产生一样,它的创立是有其经济的、政治的、思想的条件和根据的。资本主义社会化大生产的形成和发展,为唯物史观的创立奠定了社会经济基础。而现代工业无产阶级的发展壮大,一

---

[1] 〔德〕梅林:《论历史唯物主义》,载梅林《保卫马克思主义》,吉洪译,人民出版社1982年版,第3—5页。

方面为唯物史观的创立提供了阶级基础；另一方面也使无产阶级从理论上说明自己的历史地位、使命和作用成为十分必要的了。

唯物史观的创立自然离不开马克思和恩格斯的主观努力。然而，马克思和恩格斯并非脱离社会生活实际偶然出现的"天才"或"英雄"。他们两人的政治立场和世界观都有一个转变和发展的过程，都经历了从唯心主义到唯物主义，从革命民主主义到共产主义的转变过程。如同他们创立整个马克思主义的情形一样，他们创立唯物史观也经历了一个发展过程。马克思和恩格斯是在批判继承人类思想的优秀成果、积极投身工人阶级的革命运动、坚决反对各种资产阶级和小资产阶级的历史理论的过程中，逐步创立历史唯物主义的。

对于历史唯物主义产生的经济社会条件和马克思、恩格斯的主观努力，梅林是十分清楚的。他说，历史唯物主义自身也服从于它自己所制定的那个历史规律。它不是人们凭空想象出来的，而是历史发展到一定阶段的产物。在较早的时代，即使最有天才的人也难以充分认识人类历史的奥秘。而在马克思和恩格

二、梅林的历史观和历史研究

斯生活的时代,至少在欧洲最先进的英国和法国中,作为现代历史发展动力的土地贵族、资产阶级和工人阶级或者说无产阶级这三大阶级的利益冲突和阶级斗争已经十分突出地表现出来了。马克思和恩格斯也不辞辛苦地对人类历史的发展过程进行了长期而深入的研究工作,在他们的著作中蕴含着丰富的历史资料。尽管如此,一些资产阶级学者仍信口雌黄地"说他们二位只是东鳞西爪地剽窃了一些历史知识来支撑他们所杜撰的历史理论"。梅林无不愤怒地痛斥这些言论"完全是资产阶级伪科学的鬼话"[1]。

在许多资产阶级学者的著作中,唯物主义和唯心主义这两个概念经常被附加上一层道德含义。唯物主义被"理解为贪吃、酗酒、娱目、肉欲、虚荣、爱财、吝啬、贪婪、牟利、投机"等等"龌龊行为",而唯心主义则被说成是"对美德、普遍的人类爱的信仰"。针对这种区别,梅林指出:"唯心主义和唯物主义是对于思维与存在的关系、精神与自然界哪一个是本源的这一哲学上重大的基本问题的互相敌对的答案。它们本

---

[1] 〔德〕梅林:《论历史唯物主义》,载梅林《保卫马克思主义》,吉洪译,人民出版社1982年版,第4页。

身原是与道德理想没有丝毫关系的。"[1] 而在梅林所处的时代,由于占统治地位的反动势力的普遍敌视和压制,坚持历史唯物主义需要有高度的责任心和自我牺牲精神。因此,梅林深有感触地指出:"今天要信仰历史唯物主义,就得有一种高度道德的唯心主义,因为它必定会带来贫困、迫害、毁谤;同时,历史唯心主义则是每一个追求飞黄腾达的人的事,因为它最能帮助人获得现世的好运、肥厚的挂名职位,各种各样的勋章、头衔、地位。"[2]

还有的人把历史唯物主义与自然科学唯物主义混淆起来,认为历史唯物主义等同于自然科学唯物主义。对于这种错误认识,梅林进行了耐心辨析,指出自然科学唯物主义的局限性和历史唯物主义与自然科学唯物主义之间的联系和区别。他说,历史唯物主义包含自然科学唯物主义,但自然科学唯物主义不包含历史唯物主义。自然科学唯物主义只把人当作"自然产物"看待,没有注意到人不只生活在自然之中,而且也生

---

[1] 〔德〕梅林:《论历史唯物主义》,载梅林《保卫马克思主义》,吉洪译,人民出版社1982年版,第16页。
[2] 同上书,第17页。

二、梅林的历史观和历史研究

活在社会之中这一事实。它也不知道除了自然科学之外还有社会科学。自然科学唯物主义承认人是有意识的,但它没有考察,人的意识在人类社会中是由什么决定的。一旦进入历史领域,自然科学唯物主义就必然会转化为自己的对立物,转化为唯心主义。它相信"伟大人物"拥有创造历史的精神魔力,认为人类社会中存在着一种观念的推动力。因此,"自然科学唯物主义由于追求表面的最大彻底性,反而获致了实际上最大的不彻底性。它一方面把人简单地视为有意识地行动着的动物,另一方面把人类历史看作一场观念的动机和目的乱七八糟、毫无意义的活动;由于把有意识地行动着的人当作自然界里孤立的生物这种错误前提,它获得了一种唯心主义的人类历史的幻象,人类历史好象是透过永恒的整个自然界中的唯物关系而呈现出来的一场狂乱的影子舞蹈表演。与此相反,历史唯物主义则从自然科学的事实出发,认为人不只是动物,而是一种社会动物,他只在社会集团(游牧群、氏族、阶级)的共同生活中才获致意识,在这些社会集团中他才能作为有意识的生物而生活,因此,这些社会集团的物质基础决定着他的思想意识,这些基础的进步发展则是人类向上运动的规律。"[1]

资产阶级学者指责历史唯物主义"把异常多样化的人类生活硬塞在一个死板的公式里",说它"否认一切观念力量","把人说成为机械发展的无生命的玩具","否认一切道德尺度"。与之相反,梅林一再肯定地说,历史唯物主义所主张的只是对人类发展过程进行从基础到上层建筑的研究,从经济结构到精神观念的研究。历史唯物主义从人不只是生活在自然界里而且也生活在社会里这一事实出发,强调观念是社会生产过程的产物。在历史唯物主义者看来,与世隔绝的人是从来也没有过的,任何人如果偶然脱离了人类社会就都会很快地衰亡。人只有处身在社会组织中才能够获得意识、有意识地思维和行动。以人为成员的社会组织唤醒并支配着人的精神力量,而每一个社会组织的基础是物质生活的生产方式,因此决定精神生活过程多种多样表现形式的最终因素是物质生活的生产方式。人的精神并不超乎人类社会的历史发展,而是就在其中;人的精神是从物质生产中产生的,它也

---

[1] 〔德〕梅林:《论历史唯物主义》,载梅林《保卫马克思主义》,吉洪译,人民出版社1982年版,第18—19页。

二、梅林的历史观和历史研究

随着物质生产一起成长。某种观念愈是精确地反映了这个物质生产过程，就愈有力量。必须等到物质生产从极其复杂的原始状态发展到出现一些简单而巨大的对立物时，人的精神才能认识它的全部关系。必须等到这种最后的对立死灭或被排除以后，人的精神才能掌握社会生产的统治权。人才能完全有意识地创造他们的历史。[1]由此可见，要理解个人的思想或行为，必须从分析社会开始。

在梅林看来，强调观念来源于社会的经济生活，决不意味着否定观念在历史中的作用；相反，历史唯物主义是最承认广义的观念力量的。它充分认识到"在社会历史领域内进行活动的，全是具有意识的、经过思虑或凭激情行动的、追求某种目的的人；任何事情的发生都不是没有自觉的意图，没有预期的目的的"[2]。人的历史是由人自己创造的。然而关键在于：人是怎样创造他们的历史的？人的意图、目的和行为是如何产生的？观念的力量究竟来自哪里？对于这些问题，

---

[1] 〔德〕梅林：《论历史唯物主义》，载梅林《保卫马克思主义》，吉洪译，人民出版社1982年版，第25—27页。

[2] 同上书，第26页。

唯心主义者和自然科学唯物主义者基本上都置若罔闻。他们没有也不能够对此作出科学的回答。而历史唯物主义者则对此作出了最正确的阐释。

至于历史唯物主义摈弃一切道德标准的问题，梅林回答道，在一定意义上历史唯物主义是否定道德标准的。因为历史研究者的课题根本不涉及道德标准问题。历史学家的任务仅仅是根据客观的科学研究说明事物的实在情况。另外，"道德标准"也是不断变化的，现今的人们如果想用自己的道德标准去指责、批评过去的世代，就像用流沙去衡量坚固的沙丘一样荒谬。梅林还指出，诸如弗里德里希·施洛塞尔（Friedrich Schlosser）、格奥尔格·盖尔维努斯（Georg Gervinus）和利奥波德·冯·兰克（Leopold von Ranke）等受人推崇的著名历史学家，都是有自己的一套道德标准的，都有自己的特殊阶级道德；从他们的著作中，人们看到的并不是他们所描述的历史实际，而是他们所代表的阶级。同样，无产阶级的历史研究者，如果用本阶级的价值观念评判以前的时代，也是无法揭示历史真

二、梅林的历史观和历史研究

相的。[1] 就此而言，在历史研究中必须摈弃一切道德标准，因为道德标准阻碍着任何科学的历史研究。然而，这样说并不意味着历史唯物主义根本否认道德推动力在历史中的影响作用。恰恰相反，历史唯物主义不但不否认道德力量，甚至还最先对道德力量作出科学解释。历史唯物主义以"生产的经济条件方面所发生的物质的、可以用自然科学的精确性指明的变革"[2]为唯一可靠的标准来研究道德观时而较慢、时而较快的改变。按照历史唯物主义，道德观本身归根结底也是生产方式的产物。这就从根本上揭示了伟大人物创造历史的奥秘，也澄清了各种各样为党派爱憎心所迷惑的对于历史人物摇摆不定的描述。历史唯物主义公平地对待每一个历史人物，因为它懂得怎样去认识那些决定着历史人物的行为的推动力量，能够细致地、

---

[1]〔德〕梅林:《论历史唯物主义》，载梅林《保卫马克思主义》，吉洪译，人民出版社1982年版，第39—41页。

[2]〔德〕卡尔·马克思:《政治经济学批判》序言，载中共中央马克思恩格斯列宁斯大林著作编译局编译《马克思恩格斯选集》第二卷，人民出版社1995年第2版，第33页。

有差别地描写历史人物的行为的道德性。[1]

梅林还以大量历史事件为例说明了经济因素在历史发展中的重要性，发表了许多相当精辟的见解。他说：在人类历史早期，造成野蛮人之间进行"复仇"战争的并不是什么意识形态的原因，而是一种从一定的经济形式中产生的司法形式。同样，社会之所以分化为阶级也完全是经济发展的结果。在中世纪，基督教盛极一时，而基督教会恰恰是一个具有"一定经济社会形态的政治组织"。封建主义没落的主要根源在于城市以及建立在城市之上的君主政体的兴起，因为自然经济为货币工业经济所推翻，封建贵族必然被城市和君主所排挤。经济也是决定了地理大发现的最终因素；并非商业跟随发现，而是发现发生于商业之后。16世纪的经济变革在德国产生了非常特殊的作用，它把广大人民群众推入了贫困的深渊，使之宁愿忘记尘世的事务，比其他地方乐观主义的天主教徒更关心上帝与魔鬼、天堂幸福和地狱痛苦等问题。因此宗教改革也是经济运动的一个反映。梅林还说，从表面上看，

---

[1] 〔德〕梅林：《论历史唯物主义》，载梅林《保卫马克思主义》，吉洪译，人民出版社1982年版，第40—41页。

二、梅林的历史观和历史研究

在有文字记载的历史里,精神生活似乎完全脱离了它的经济基础,然而这只是一种骗人的假象。虽然说文明的发生,氏族制度的消失,家庭、私有制、国家的产生,进一步的分工,社会分化为统治者和被统治者、压迫者和被压迫者阶级等等,使精神发展对经济发展的依赖关系变得越来越不明显、越来越复杂了,但这种依赖关系并未消失。只有思想肤浅的人才看不到精神发展对经济发展的深层次依赖关系。[1]

梅林也比较紧密地把政治、经济、社会和宗教意识形态诸方面相互联系了起来分析问题,提出了一系列综合命题。他认为,社会的政治经济条件改变以后,军队的组织、结构,甚至战略战术都要出现相应的变革。在封建社会晚期,新兴的经济势力为自己制定了与当时的经济形式相适应的战争形式:他们用金钱招募由于封建制度灭亡而流离失所的无产阶级来组成军队;他们运用工业生产技术制造武器,而这种武器之优于封建主的武器,一如资本主义生产方式之优于封

---

[1] 〔德〕梅林:《论历史唯物主义》,载梅林《保卫马克思主义》,吉洪译,人民出版社1982年版,第45、30、58、37—38、31、54、29页。

建主义生产方式一样。[1]同样,在拿破仑战争时期,普鲁士军队墨守普鲁士国王弗里德里希二世(Friedrich II, 1712—1786)那套陈旧作战方法的做法也与社会经济条件有着深刻的联系。普鲁士旧军队是建立在农奴制的基础之上的。梅林写道:"弗里德里希二世的战略战术是同农民的那种世袭的依附关系密不可分的。这种依附关系不废除,那套战略战术也不可能废除。在这种世袭的依附关系下,地主是用鞭笞统治雇工的,只要那些在家里习惯于挨鞭打的新兵加入军队,人们又怎能在军队里废除这种鞭笞办法呢?另一方面,谁能指望市民阶级家庭出身的子弟会参加用皮鞭和军刀来维持军纪的军队呢?只要这种鞭笞管理方式还存在,怎么有可能取消弗里德里希二世的刻板的线式战术,而让每个士兵离开密集的队形作为散兵单独作战呢?人们又怎能不担心一旦废除那套规定的极其严密的仓库给养制度,采取征用军需品办法而不使一切纪

---

[1] 〔德〕梅林:《论历史唯物主义》,载梅林《保卫马克思主义》,吉洪译,人民出版社1982年版,第37—38页。

二、梅林的历史观和历史研究

律的约束松弛呢？"[1]

根据历史唯物主义，人类社会发展的最主要推动力就存在于人类社会的内部，而不是它的外部。在阶级社会里，阶级矛盾和阶级斗争构成了社会的基本矛盾，只有通过阶级斗争和社会革命，社会矛盾才能得到解决，社会发展才能得到实现。从原始社会瓦解以来的人类历史都是阶级斗争的历史，而在资本主义社会，无产阶级反对资产阶级的阶级斗争必然导致无产阶级专政。

梅林同样把历史当作阶级斗争来理解，认为阶级和阶级斗争是历史发展的推动力。他说："从古代氏族社会的简单道德水平，降落到统治着近代社会的最卑下的利害关系的这种堕落有多深，那末从还与自然状态群居社会连着一根脐带的氏族，发展到具有极大生产力的现代社会的精神进步也就有多大。但是，这一进步不论有多大，人类精神不论成为多么精密、灵活、有力的工具，一天比一天更其不可抗拒地制服着

---

[1]〔德〕梅林：《比耶纳更糟糕》，转引自〔民主德国〕约·施拉夫斯坦《梅林传——他的马克思主义创作（1891—1919）》，邓仁娥等译，人民出版社1989年版，第210页。

自然，它的发条和推动力始终还是几个阶级间的经济斗争。"[1] 全部宗教改革运动以及与之有关的、从13世纪到17世纪在宗教的名义下进行的斗争，从理论上讲不外是市民等级、城市平民以及与这两种人联合起来的起义农民，企图使古老的神学世界观适应于改变了的经济条件和这些新阶级的生活状况的反复尝试而已。历史的推动力量不是大人物或思想，而是从当时生产方式条件中产生出来的阶级的行动。[2] 德国唯心主义哲学家、莱比锡大学教授保尔·巴尔特因为根本不理解历史唯物主义，所以把先在英国，后来在其他"文明"国家建立的保护工人的立法说成是"与经济势力的自由活动相对抗的某些法律观念和政治原则"的结果。针对这种说法，梅林援引马克思的《资本论》指出，英国工厂立法是贵族、资产阶级和无产阶级间极其激烈的长期阶级斗争的结果，因此它具有经济根源，而不具有道德的或政治的根源。就是俾斯麦的社

---

[1]〔德〕梅林:《论历史唯物主义》，载梅林《保卫马克思主义》，吉洪译，人民出版社1982年版，第30页。
[2] 同上书，第62、18页。

会立法也主要是德国工人斗争的结果。[1]

历史唯物主义的一个重要贡献就在于第一次阐明了人民群众在历史上所发挥的决定性作用,认为人类社会的历史不是少数英雄人物创造的,而是人民群众创造的。人民群众是历史的主人,是社会物质财富和精神财富的创造者,是推动历史前进的真正动力。

对于人民群众的历史作用,梅林也有相当深刻的认识。他指出,在战争过程中,广大士兵的实践具有重大意义;广大士兵的实践对于新形势、新情况的适应,要比军事家的理论思考快得多,因此,军官首先要向广大士兵的这种实践学习。[2] 梅林一再强调说,没有一位军事奇才能"发明"一种新战略,他只有通过对来源于实践的好经验加以概括和加工,才能创立卓越的理论。拿破仑占领军的残酷压迫和野蛮洗劫激发了普鲁士各省和德国北部人民群众的战斗情绪,尤其是后备军中的西里西亚纺织工人表现出了大无畏的

---

[1] 〔德〕梅林:《论历史唯物主义》,载梅林《保卫马克思主义》,吉洪译,人民出版社1982年版,第49—51页。
[2] 〔民主德国〕约·施拉夫斯坦:《梅林传——他的马克思主义创作(1891—1919)》,邓仁娥等译,人民出版社1989年版,第189页。

英雄气概。而为后来历史学家所称颂的"创造了历史"的贵族和资产阶级知识分子,只是在人民群众反抗外来统治的民族起义日趋广泛和斗争意志日益高涨的基础上才能有所作为。但也恰恰因为市民阶级还软弱,还缺乏自信,还不能站在一个强大的革命运动的前头,所以德意志民族奋起反抗外来敌人的战斗既没有导致内部的解放,也没有导致摆脱封建专制的桎梏。[1]

梅林撕破了意识形态的面纱,坚决反对当时流行的那种把政治和学术割裂开来的伪科学,反对普鲁士"宫廷历史学家"所标榜的"历史学的客观性"。他清楚地看到了制约历史研究者的阶级性和"党派立场"(Parteilichkeit),强调历史学家的阶级地位和与之相应的意识结构对于历史编纂的影响。梅林指出,资产阶级史学家聚贝尔和特赖奇克等人尽管口头上声称中立,实际上却从不错过机会证明其立场观点的阶级属性。他们所谓的客观性实际上反映了一种非反思的、支持财产占有者的党派立场。他们的"客观的"历史著作的"皇家语言"充满了对普鲁士国王的阿谀奉承

---

[1] 〔民主德国〕约·施拉夫斯坦:《梅林传——他的马克思主义创作(1891—1919)》,邓仁娥等译,人民出版社1989年版,第211页。

二、梅林的历史观和历史研究

和对人民群众的诽谤诋毁。[1]与之相反,梅林认为,任何历史著作的写作都是有目的性的,也就是说要承担某种"义务"。只有公开自己的写作动机,诚实坦白自己的义务,才能使自己的著作赢得"客观性"。[2]

梅林表示,要想撰写现代的社会史,不是从占有财产者阶级的立场观点出发,就是从劳动者阶级的立场观点出发:"谁若想以'超然者'的历史学家身份漂浮于这种对立之上,谁就或者是一个傻瓜或者是一个骗子。如果人们想要在这个领域尊重历史编纂的严肃性,那么就不能用某种'超然'胡扯什么'客观性',而是只有通过下列方式来实现,这就是人们从一开始就公开声明,从什么样的立场观点出发来考察事物。"[3]

作为一个马克思主义的历史学家,梅林始终如一地把他自己的立场观点与工人阶级和工人阶级政党的利益密切结合起来,明确强调历史科学的社会功能。

---

[1] 〔民主德国〕约·施拉夫斯坦:《梅林传——他的马克思主义创作(1891—1919)》,邓仁娥等译,人民出版社1989年版,第234—235页。

[2] Helga Grebing/Monika Kramme, *Franz Mehring*, in: Hans-Ulrich Wehler (Hrsg.), *Deutsche Historiker*, Göttingen: Vandenhoeck & Ruprecht, 1973, S. 567.

[3] 同上。

对于他来说历史科学并不仅仅是认识过去的工具，而且还是无产阶级解放斗争的工具。他声称"借助于马克思和恩格斯作为工具创造的历史唯物主义革命的辩证法，不仅可以认识资本主义社会，而且也可以对它加以改造"[1]。

然而，梅林也反对把历史唯物主义当作模板来滥用，主张不断发展和改进唯物主义的历史观。他明确指出："我们可以说，历史唯物主义已经有了一个坚固而不会动摇的基础了；但这样说，既不就是说，它迄今为止所赢得的一切结果都是无疵可摘的，也不是说，它不必再求改进了。……只要把唯物主义的历史研究当作模版来滥用……它就会象一切历史观的模版一样导致到同样的颠倒是非，而且，就是把它正确地作为方法来使用，也会随着使用者的才能和学力的不同，或是随着他们所处理的材料来源的种类和方面的不同，而导致许多见解上的差异。"[2] 在梅林看来，这本

---

[1] F. Mehring, *Gesammelte Schriften*, Bd. 8, S. 137, 转引自 Helga Grebing/Monika Kramme, *Franz Mehring*, in: Hans-Ulrich Wehler (Hrsg.), *Deutsche Historiker*, Göttingen: Vandenhoeck & Ruprecht, 1973, S. 568。

[2] 〔德〕梅林：《论历史唯物主义》，载梅林《保卫马克思主义》，吉洪译，人民出版社 1982 年版，第 74—75 页。

二、梅林的历史观和历史研究

来就是自明之理,因为在历史科学的领域里,根本不可能像数学那样精确地证明。谁要是相信可以通过某种"互相矛盾"来驳难历史研究的唯物主义方法,那么他不是浅薄之辈,就是无聊之徒。凡是具备理性思考的人,更多地会由于这种"互相矛盾"而进行认真考察,仔细辨别在众多意见不一的研究者当中,哪一位的研究较缜密、较有根据。恰恰是从一些"互相矛盾"的立场观点中提炼出来的方法,才能在其运用上和实际结果上变得更为明确可靠。

对于梅林来说,历史唯物主义作为一种科学研究方法的有效性只能够在具体实践中得到证明。[1] 梅林指出:"不言而喻,马克思也只是从他的实践中创建起他的理论的,并且——就单个人而言,即使他是一个最伟大的天才,也根本无法完全掌握难以估量的众多历史资料——起初只可以在最一般的基本特点方面发展这一理论。到目前为止,这一理论通过了每一次实践的检验,但是要发展它,要使之更加精确和更加深

---

[1] Helga Grebing/Monika Kramme, *Franz Mehring*, in: Hans-Ulrich Wehler (Hrsg.), *Deutsche Historiker*, Göttingen: Vandenhoeck & Ruprecht, 1973, S. 570.

刻，尚需做大量的实际工作，倘若这一工作无人去做，仅仅依靠固守马克思已经总结出来的第一批基本路线的苦思冥想是不能引导我们继续前进的。"[1] 因此，梅林不仅积极宣传历史唯物主义的理论和方法，而且还自觉地把它们运用于历史编纂，写作了大量论述普鲁士的形成史和一般德国历史，特别是德国工人运动史的著作，从多个方面论证和创造性地发展了历史唯物主义。

（二）梅林对普鲁士历史的解说

梅林继承马克思和恩格斯反对普鲁士主义的革命传统，运用历史唯物主义的基本原理，对普鲁士的形成、它在霍亨索伦王朝统治下的发展过程和特殊性作出了极其深刻的批判性论述。

梅林指出，普鲁士国家是通过武力手段，在征服斯拉夫人和奴役自由农民的基础上产生的。霍亨索伦

---

[1] Helga Grebing/Monika Kramme, *Franz Mehring*, in: Hans-Ulrich Wehler (Hrsg.), *Deutsche Historiker*, Göttingen: Vandenhoeck & Ruprecht, 1973, S. 570.

二、梅林的历史观和历史研究

王朝从一开始就是依靠容克地主进行统治,并代表这个封建阶级的利益和权欲的。针对资产阶级史学家炮制的"霍亨索伦王朝限制容克地主的权力、保护农民不受容克地主的粗暴蹂躏"的神话,梅林指出:"在成打的霍亨索伦选侯中,没有一个怜恤过反对容克地主的农民;也几乎没有一个选侯比他的先辈使农民少受容克地主的奴役。"[1]

与英国和法国不同,德国的专制君主没有通过与城市结盟,完成建立民族国家和中央集权的历史使命,而是采取了剥削城市、限制市民自由的邦国专制主义形式。普鲁士霍亨索伦王朝尤其敌视城市,极力阻止城市的发展。它使城市承担了沉重的赋税,以至于普鲁士城市竟成了介乎领地和卫戍地之间这样一个不伦不类的东西,市民阶级更无从得以壮大。如果说在其他国家,强大而自信的市民阶级曾经推动了经济和文化的进步,那么在19世纪以前的普鲁士这一重要的

---

[1] 〔德〕梅林:《莱辛传奇》,转引自〔民主德国〕约·施拉夫斯坦《梅林传——他的马克思主义创作(1891—1919)》,邓仁娥等译,人民出版社1989年版,第191页。

推动力是极其缺乏的。[1]由此可见，普鲁士国家的相对落后也就毫不奇怪了。

至于霍亨索伦王朝是"宗教改革的先锋"这一传奇，马克思早在《霍亨索伦王朝的神权》一文中就予以了驳斥。他说："德国宗教改革运动从霍亨索伦王朝方面所遇到的，在它产生时是公开的敌对态度，在它斗争的早期是虚伪的中立，而在它可怕的最后一幕，即在三十年战争时期，则是畏缩动摇、胆怯的消极和卑鄙的背信弃义。"[2]梅林则进一步指出，勃兰登堡选侯约阿希姆一世和他的弟弟美因兹大主教以及选侯阿尔布雷希特都曾参与过赎罪券买卖，也对本地区路德派新教徒进行过迫害。约阿希姆一世的两个儿子，约阿希姆二世和汉斯，主要是为了捞取教会财产而改信新教的。资产阶级史学家赞誉约阿希姆二世为"勃兰登堡改革家"，这根本不符合事实。从这位选侯所制定的《教会法》来看，他既倾向于新教又倾向于天主

---

[1]〔民主德国〕约·施拉夫斯坦:《梅林传——他的马克思主义创作（1891—1919）》,邓仁娥等译,人民出版社1989年版,第190—192页。
[2]〔德〕卡尔·马克思:《霍亨索伦王朝的神权》,载中共中央马克思恩格斯列宁斯大林著作编译局编译《马克思恩格斯全集》第十二卷,人民出版社1998年版,第109页。

二、梅林的历史观和历史研究

教。[1]

1618年在德意志大地上爆发了史称"三十年战争"的旷日大战。战争是打着宗教的旗号进行的,但实际上不只是宗教战争,而且也是德国和欧洲的各种政治力量进行的一场利益争夺战。三十年战争对普鲁士的发展造成了巨大的负面影响:"在勃兰登堡国家几乎毫无防卫的情况下,战争狂人令人毛骨悚然地蹂躏了这个国家的每一块土地,使它回到野蛮状态……农村居民流离失所,贫困不堪,过着牛马般的生活。"[2]而普鲁士国家恰恰是在这种经济状况中产生的,因此它一方面是"一个残暴成性的军事国家",另一方面又是"欧洲奴性最十足的国家"。梅林分析道:"在普鲁士军事专制统治下,只能是奴隶主义盛行,所以,普鲁士军事专制统治也只能在德国的这一部分土地上产生。在那里根本谈不上什么教育、文化、科学和富裕,几百年来人民大众一直处于被奴役地位,完全丧失了自

---

[1] 〔德〕梅林:《莱辛传奇》,转引自〔民主德国〕约·施拉夫斯坦《梅林传——他的马克思主义创作(1891—1919)》,邓仁娥等译,人民出版社1989年版,第192—193页。

[2] 同上书,第193—194页。

己的独立意志。"[1] 直到17和18世纪,普鲁士国家才在国际上取得了一定地位,但这主要是由于外国列强的作用,并非如普鲁士政治家和历史学家所说的那样,是"通过它的军事力量和战绩"取得的。法国、瑞典、沙皇俄国和英国为了分裂和奴役德国,不惜代价地把普鲁士豢养成为一个对自己无害,但能够与德意志中央政权的代表——神圣罗马帝国皇帝相抗衡的力量。[2]

而在对外政策方面,普鲁士国家则甘当外国列强的附庸,经常仅仅为了一笔补助金,就不惜违反德意志统一的民族利益。对于霍亨索伦王朝反德国、反民族的性质,马克思和恩格斯曾经多次予以揭露和谴责。梅林则特别针对资产阶级史学家把普鲁士国王弗里德里希二世颂扬为执行了光荣的"民族使命"的神话,继续予以揭露。他指出,弗里德里希二世发动七年战争,完全不是为了唤醒德意志人的"民族意识",保护德意志民族的领土。恰恰相反,弗里德里希二世"宁

---

[1] 〔德〕梅林:《莱辛传奇》,转引自〔民主德国〕约·施拉夫斯坦《梅林传——他的马克思主义创作(1891—1919)》,邓仁娥等译,人民出版社1989年版,第194页。

[2] 同上书,第194—195页。

二、梅林的历史观和历史研究

可把他占有的莱茵地区交给法国人,把他占有的东普鲁士地区交给俄国人,如果他由此得到萨克森的话"[1]。这是一场为了纯粹王朝利益而由雇佣兵进行的战争,它在德国人民中丝毫没有激起热情,相反唤起了普遍厌恶。

梅林还揭露了资产阶级史学家所宣扬的弗里德里希二世实行宗教宽容政策和促成德国古典文学的神话。他尖锐地指出,弗里德里希二世之所以淡化宗教信仰差异,主要是为了吸引移民,使人烟稀少、资金短绌的普鲁士既增加人口又增加财政收入。弗里德里希二世也绝不是什么古典文学的"助产士",不是德意志民族文化的开拓者。相反,在德国古典文学初期出现的伟大人物必须与普鲁士专制主义做斗争才能有所发展。一向被资产阶级文学史家说成是弗里德里希二世追随者的莱辛,其实是对普鲁士宫廷深恶痛绝的。[2]

正是出于对普鲁士容克地主国家的仇恨,梅林高

---

[1] 〔德〕梅林:《耶纳和提尔西特》,转引自陆世澄《梅林在史学上的重要贡献》,载《世界历史》1980年第6期,第34页。

[2] 〔民主德国〕约·施拉夫斯坦:《梅林传——他的马克思主义创作(1891—1919)》,邓仁娥等译,人民出版社1989年版,第202—203页。

度赞扬了拿破仑在德国所扮演的资产阶级"解放者角色"。他说:"没有人比拿破仑更懂得,什么是他的征服的历史的合法权利,而且情况总是这样,他在哪里竖起胜利的鹰徽,就在哪里实行资产阶级的改革。"[1]不过,梅林也看到了拿破仑的两面性,他说:"如果人们把他理解为资产阶级发展过程中应运而生的人物,那么,他就体现了这种发展过程的两重性,它的恶行并不少于它的善举。"[2]

在法国大革命和拿破仑战争的影响下,德意志的一些有识之士强烈地意识到,除了建立资产阶级国家,没有别的实现民族复兴之路。而在统治阶级当中,也有部分开明派看到,如果继续维持封建农奴制,非但不能使德意志摆脱拿破仑的压迫,而且也无法挽救容克地主阶级的政治破产。为了救亡图存,普鲁士自由派贵族官僚在19世纪初进行了一系列自上而下、具有资本主义性质的改革,开启了德意志现代化进程,为驱逐外来侵略,恢复国家独立奠定了基础。对于普

---

[1] 〔民主德国〕约·施拉夫斯坦:《梅林传——他的马克思主义创作(1891—1919)》,邓仁娥等译,人民出版社1989年版,第211页。
[2] 同上书,第213页。

二、梅林的历史观和历史研究

鲁士改革,梅林以马克思和恩格斯的相关论述为出发点,认真分析了它的阶级性、它的具体的历史作用和它的各项措施所取得的效果。在他看来,改革是不彻底的,它是通过大批剥夺农民、在农村中保持形形色色封建依附关系以及把旧的容克地主经济转变为容克地主－资本主义经济的方式,走上资本主义发展道路的。[1]

梅林还对同改革有关的历史人物作出了评价。他一方面肯定了他们的历史功绩,另一方面也指出了他们在思想上和行动上的局限性。梅林特别肯定了格哈德·冯·沙恩霍斯特(Gerhard von Scharnhorst,1755—1813)和奥古斯特·冯·格奈森瑙(August von Gneisenau,1760—1831)等杰出军事家的正直品格、勇气、首创精神以及他们对祖国的挚爱,并且指出了他们同怯懦无能、对外来统治者卑躬屈膝的普鲁士国王和容克地主的不同。[2]

---

[1] 〔民主德国〕约·施拉夫斯坦:《梅林传——他的马克思主义创作(1891—1919)》,邓仁娥等译,人民出版社1989年版,第215页。
[2] 同上书,第216页。

在评价反抗外来统治的解放战争时,梅林强调指出:由于普鲁士市民阶级的软弱和人民群众政治上的不成熟,运动的领导权最终被封建专制势力所攫取,运动自身也蜕变为反人民和反法国的反动战争了。普鲁士爱国志士和广大民众付出了巨大牺牲却一无所得。"既没有带来政治自由,也没有形成民族统一;而是一个昏聩、愚蠢而又目光短浅的反动派像沉重的铅块充塞着人们的心灵,它最乐于在每种思想后面安插一名法警。"[1]

梅林还在他的著作中讨论了1848年德意志资产阶级革命、1862年普鲁士宪法冲突和1864—1870年俾斯麦统一德国等问题。他痛斥自由资产阶级放弃民主权利,害怕革命的卑劣行径,深刻地指出,德意志自由资产阶级既不敢向人民呼吁,又不敢利用他们拥有的财力迫使封建统治阶级作出让步,在政治上是十分无能的。德意志国家的统一是由资产阶级化的容克贵族奥托·冯·俾斯麦,顺应经济发展的要求,凭借

---

[1] 〔德〕梅林:《莱辛传奇》,转引自〔民主德国〕约·施拉夫斯坦《梅林传——他的马克思主义创作(1891—1919)》,邓仁娥等译,人民出版社1989年版,第219页。

二、梅林的历史观和历史研究

霍亨索伦王朝统治下的普鲁士的强大军事力量，通过"铁血政策"，以排除奥地利，整合德意志其他邦国的方式实现的。如果说俾斯麦用他的方式实现了德意志资产阶级梦寐以求的种种愿望，那么，他这样做并不是为了德意志民族利益，而是为了普鲁士容克地主和霍亨索伦王朝的权势。梅林一再强调说，在反动的普鲁士容克地主国家领导下完成的德国统一，绝不可能如同一次革命的民主民族运动所能做到的那样，完全消灭小邦分离状态以及由此产生的分立主义和分裂主义思想。真正的民族统一只有在民主的基础上才是可能的。[1]

自1871年以来，对俾斯麦的崇拜日益盛行，不仅其统一德国的"丰功伟绩"，而且其在德意志帝国建立后采取的一系列内政外交政策，都受到众多资产阶级学者的颂扬。特别是在第一次世界大战德国战败、"威廉帝国"覆灭之后，俾斯麦崇拜甚至成了在学校、报刊和文学中进行民族主义宣传的一个重要组成部分。就连一些社会民主党人也竞相赞扬在俾斯麦身上

---

[1]〔民主德国〕约·施拉夫斯坦：《梅林传——他的马克思主义创作（1891—1919）》，邓仁娥等译，人民出版社1989年版，第222—224页。

有一种"革命精神"。对此,梅林深感厌恶,奋起反对。他揭露了俾斯麦对内政策的全部落后性,特别是其"社会立法"的欺骗性。在梅林看来,俾斯麦在其政治生涯中,的确做了很多事,然而他并不是一位真正认识到历史发展动力从而懂得如何驾驭它的政治家,"而是作为一个干练的外交家,把早已成为历史必然性的统一事业完成到符合统治阶级利益的程度"[1]。俾斯麦的"社会主义"只不过是"用小恩小惠蒙蔽工人,为的是使他们像宫廷仆从那样,任人使唤,让他们干更多的活"[2]。俾斯麦制定并颁布《反社会党人法》的行为充分表明了他实际是一个"不惜采用欺骗、挑拨和恐怖手段对付工人阶级的凶恶敌人"[3]。俾斯麦虐待和掠夺工人阶级,使他们深陷贫困、饥馑和堕落的罪责是难以逃脱的,决不会得到工人阶级的宽恕。

值得注意的是,梅林有关普鲁士的历史论述,是以意识形态批判为基础的,他十分敏锐地感觉到,德

---

[1] 〔民主德国〕约·施拉夫斯坦:《梅林传——他的马克思主义创作(1891—1919)》,邓仁娥等译,人民出版社1989年版,第225页。
[2] 同上书,第222页。
[3] 同上书,第225页。

二、梅林的历史观和历史研究

意志资产阶级史学家所炮制的种种神话都是与容克地主阶级和资产阶级之间的妥协相适应的,而容克地主阶级和资产阶级之间的妥协作为1848年以来的发展的后果构成了1871年建立的德意志帝国的基础。因为"现在,对于德国资产阶级来说,让它的现实的当前与它的理想的过去和解,从我们的古典作品形成时代制造出一个弗里德里希大王时代,是合宜的"[1]。作为社会民主党人,梅林接触不到普鲁士的国家档案,因此除了由普鲁士历史学家总结出来的资料外,他别无其他资料可以支配,这就使他的论述缺少一种史料研究基础。此外,他也不了解被压迫的普鲁士农民的斗争事迹,对普鲁士地方史阐述得太少。[2]

---

[1] F. Mehring, *Gesammelte Schriften*, Bd. 9, S. 33, 转引自 Helga Grebing/Monika Kramme, *Franz Mehring*, in: Hans-Ulrich Wehler (Hrsg.), *Deutsche Historiker*, Göttingen: Vandenhoeck & Ruprecht, 1973, S. 562。

[2] 参见〔民主德国〕约·施拉夫斯坦:《梅林传——他的马克思主义创作(1891—1919)》,邓仁娥等译,人民出版社1989年版,第184—185页; Helga Grebing/Monika Kramme, *Franz Mehring*, in: Hans-Ulrich Wehler (Hrsg.), *Deutsche Historiker*, Göttingen: Vandenhoeck & Ruprecht, 1973, S. 566。

（三）梅林对德国工人运动史的解说

对德国容克地主阶级和资产阶级的面目的深刻认识使梅林确信，德国人民的整个未来，1848年以来在它的发展中的每一个进步措施，都同德国工人阶级的斗争有密切联系。随着无产阶级登上历史舞台，一股新鲜的空气开始吹进了德国的历史之中。"无产阶级群众已经开始认识到，他们有过像样的生活的权利。"[1]

联系整个德国的经济和政治发展，结合阶级斗争的生动过程，梅林对马克思主义的形成史、德国工人阶级的组织和斗争、德国工人阶级及其政党的发展壮大作出了极其精彩的描述。

梅林指出，马克思和恩格斯通过深入细致的工作，把自发的工人运动同科学社会主义结合了起来。他们坚决反对"正义者同盟"中革命工人的小资产阶级空想社会主义思想体系和派别性组织，尤其深刻地批判

---

[1] 〔德〕弗·梅林：《德国社会民主党史》第一卷《现代科学共产主义（1830—1848）》，青载繁译，生活·读书·新知三联书店1963年版，第249页。

二、梅林的历史观和历史研究

了魏特林和蒲鲁东的思想以及"真正社会主义者"的观点。在梅林看来,"马克思和恩格斯的参与活动具有重大意义。他们提出对资产阶级社会的经济结构的科学理解是唯一可靠的理论基础,并以通俗的方式说明,问题不在于实现某种空想主义体系,而在于自觉地参加正在我们眼前发生的改造社会的历史过程"[1]。

1848年法国二月革命迸发出的火花,点燃了德意志三月革命的导火线。南德各邦首先起事,工人、大学生、市民联合起来战斗。封建君主在惊恐之余,作了让步,自由资产阶级组成了新内阁。1848年5月16日,全德意志国民议会在美因河畔法兰克福的圣保罗教堂开幕。然而,由于时代和阶级的局限,德意志资产阶级自由派不敢发动人民群众继续革命。法兰克福国民议会把大部分时间和精力用于了制定宪法,对于建立革命武装、解散邦联议会、推翻君主专制政府和消灭封建枷锁等根本性问题置之不理。

革命爆发后,马克思同恩格斯一起回到德国,亲

---

[1] 〔德〕弗·梅林:《德国社会民主党史》第一卷《现代科学共产主义(1830—1848)》,青载繁译,生活·读书·新知三联书店1963年版,第362页。

自参加并领导人民群众进行革命斗争。他们在科隆创办《新莱茵报》，评论时政，歌颂革命，揭露资产阶级自由派的妥协叛卖，批判同盟中的错误倾向，极大地推动了资产阶级革命的发展。

对于马克思和恩格斯以及德意志工人阶级在1848—1849年革命中的活动，梅林非常关注并在一系列著作和文章中进行了描写。他一再强调，工人阶级是真正的革命者，并且遭遇到了巨大牺牲。他们为资产阶级掌握国家政权铺平了道路，但是他们抗击反革命势力的英勇战斗却由于资产阶级的背叛而受到了挫折。由此可见，即使在争取资产阶级民主要求的斗争中，工人阶级也不能对资产阶级抱有幻想。工人阶级只有通过坚持不懈的革命斗争，才能达到自己的目的，才能实现民主主义和社会主义的目标。[1]梅林坚信：德国工人阶级在革命年代进行的第一次战役，仅仅是即将到来的斗争的一个序幕。这个时候，"它的力量还很弱，不能把资产阶级所背叛的旗帜导向胜利，可

---

[1] 参见〔民主德国〕约·施拉夫斯坦:《梅林传——他的马克思主义创作（1891—1919）》，邓仁娥等译，人民出版社1989年版，第241—242页。

二、梅林的历史观和历史研究

是它为这面旗帜勇敢地战斗。与资产阶级不同,它的失败不是它的解放斗争终止的开始,却是它的解放斗争的开始阶段的结束"[1]。

梅林把《新莱茵报》评价为分析时政、指导革命、团结领导所有进步力量的一个重要工具。"它具有两个特点,是德国其他报纸望尘莫及的,这两个特点都很少见,而它们的协调一致却更少见。它把对事物的历史联系的深刻了解(但是这种了解从没有变成无益的静观)同大胆的行动欲望(但是这种欲望从没有分化为幻想)结合在一起。它不奉承君主,也不奉承民族。它无情地鞭挞还存在于德国人身上的旧的奴隶习性,但是它也煽动起任何能够成为清除德国贫困的腐烂垃圾的火焰的革命火花。"[2] 梅林指出,马克思和恩格斯在革命初期为激进的革命民主派制定的策略,主要是资产阶级革命性质的,是保护革命的资产阶级、反对封建制度的。马克思和恩格斯认为,尽量推进资产阶

---

[1] 〔德〕弗·梅林:《德国社会民主党史》第二卷《三月革命及其后果(1848—1863)》,青载繁译,生活·读书·新知三联书店1964年版,第84页。
[2] 同上书,第100页。

级革命是符合工人阶级的最重要利益的。他们的策略,无论从历史上看还是从政治上看,都是正确的。但在1849年春天,随着革命的发展,马克思和恩格斯又改变自己的策略,提出了把工人阶级的力量团结在一个独立的政党内的要求,主张使工人阶级从思想上和组织上摆脱对小资产阶级民主派的依赖。在这里,马克思和恩格斯首次表达了进行独立的无产阶级革命的思想。[1]

对于第一国际的历史意义,特别是它对德国工人运动的影响,梅林也作了详细论述。他赞扬马克思和恩格斯在领导国际工人协会方面所起的重要作用,指出马克思在为第一国际制定的纲领性文件《成立宣言》和《章程》中,按照参加国际的各个政治派别的实际发展水平,巧妙地引导工人运动转向革命斗争,并为这一革命斗争指明了社会主义解放的目标。第一国际卓有成效地推动了工人的工会联合,推动了工人阶级为实现缩短劳动日和劳动保护而进行的斗争。第一国际还组织发动了多次大规模支持运动,积极声援波兰

---

[1] 〔民主德国〕约·施拉夫斯坦:《梅林传——他的马克思主义创作(1891—1919)》,邓仁娥等译,人民出版社1989年版,第243—244页。

二、梅林的历史观和历史研究

和爱尔兰的民族解放运动、欧洲各国的工人罢工斗争。第一国际及其总委员会的声誉由此得到了极大的提高。梅林强调深深地根植于无产阶级利益的工人阶级国际主义,并把它同资产阶级的世界主义相对比。他写道:"一方面使世界各国人民日益紧密地结合起来,一方面又使他们日益深刻地分裂,这是资本主义生产方式的对立性。这种对立性在到处都具有共同利益的现代无产阶级中才完全消失。"[1]

梅林还着重指出了第一国际在发动国际工人阶级支持巴黎公社和向各国人民说明公社的真正性质方面所起的巨大作用。他赞扬马克思提交给总委员会的关于"法兰西内战"的通信是"出自他的手笔的最辉煌的文件之一,并且直到今天仍然是历来论述巴黎公社的全部浩瀚文献中最卓越的作品。马克思又一次在这种极端困难而又复杂的问题上,显示出他善于透过表面上千头万绪的使人扑朔迷离的外壳,透过千百种一团混乱的自相矛盾的传闻,来眉目清楚地理出历史内核

---

[1] 〔德〕弗·梅林:《德国社会民主党史》第三卷《拉萨尔的鼓动,党派的争论(1863—1869)》,青载繁译,生活·读书·新知三联书店1965年版,第169页。

的惊人才能"[1]。

梅林一再强调第一国际对德国工人运动的一贯影响和马克思、恩格斯在第一国际解体后从伦敦给予德国工人运动的无私帮助。1871年德法战争结束后,马克思亲自给德国社会民主工党不伦瑞克委员会写信,劝告他们采取明确勇敢的国际主义态度反对德国对阿尔萨斯-洛林地区的兼并。恩格斯写作的《反杜林论》也对克服德国社会民主工党在哥达合并代表大会以后出现的思想上的散漫性起了重大作用。

1878年10月,德意志帝国政府颁布《反对社会民主党企图危害治安的法令》(简称"非常法"),对社会主义运动采取了严厉镇压措施。面对突如其来的袭击,德国社会民主工党多数领导人茫然失措,党的执行委员会和议会党团甚至做出了自行解散党的错误决定。与此同时,一部分修正主义分子也提出了"走合法即改良的道路"、建立"一切富有真正仁爱精神的人"的全面的党的主张。为了克服党的领导人的思想动摇,批判修正主义,马克思和恩格斯以通告信的形式进行

---

[1] 〔德〕弗·梅林:《马克思传》,樊集译,持平校,人民出版社1965年版,第562页。

干预，为德国无产阶级制定了正确的反"非常法"斗争策略。在马克思和恩格斯的帮助下，李卜克内西、倍倍尔等人逐渐认识了自己的错误，着手恢复和健全党组织，引导全体党员和工人阶级最终采取了把合法的和秘密的斗争、议会内的和议会外的斗争结合起来革命的策略。梅林写道："这样一来，难堪的束缚就解开了，党的队伍中又响起了经过考验的老战斗口号：全线前进！"[1]

同样，梅林也很重视恩格斯在马克思逝世以后作为国际工人运动尤其是作为德国工人运动的顾问和助手所做的大量艰巨工作。他诚恳地接受了恩格斯提出的要警惕机会主义的危险的警告，强调保持党的无产阶级性质的必要性，指出，党的历史核心就其整个阶级地位来说是"革命的、现代大工业无产阶级；这个无产阶级是党的卓越战士，没有这个坚强的不可摧毁

---

[1] 〔德〕弗·梅林：《德国社会民主党史》第四卷《党的合并，反社会党人法时期（1869—1891）》，青载繁译，生活·读书·新知三联书店1966年版，第165页。

的支柱，党的纲领就不能实现"[1]。

唤起恢复德国社会民主党曾经为整个国际工人运动在觉悟性和组织性方面做出榜样的那个时代的光荣革命传统，是梅林编纂党史的主要意图之一。对于梅林来说，"现代工人阶级的解放斗争是世界史上最光荣和最伟大的解放斗争，德国社会民主党率先进行这一斗争这个事实，可以洗刷德意志数百年的耻辱"[2]。他非常自豪地描述了德国工人为支援巴黎公社而举行的声势浩大的示威运动。他也非常自豪地描述了德国工人英勇反对"非常法"的斗争。对于广大普通党员坚守信念、勇敢、富有牺牲精神的高尚情操，梅林更是大书特书。他写道，广大普通党员把《社会民主党人报》传播到各个地方，并且把它们分送到各个订阅者和读者手里。"这就需要一批精明强干、绝对可靠的党员，假如不是大量招募受过现代生产方式的锻炼、从现代无产阶级的团结中汲取力量的忠诚战士，《社

---

[1] 〔德〕弗·梅林：《德国社会民主党史》第四卷《党的合并，反社会党人法时期（1869—1891）》，青载繁译，生活·读书·新知三联书店1966年版，第252页。

[2] 同上书，第352页。

二、梅林的历史观和历史研究

会民主党人报》就不可能完成它的历史任务，散发传单也不能发展成为党的日益锋利的武器。这些勇士中的每个人都用事实证明了他们不怕牺牲和忠于信念的精神，甚至人类最高贵的情欲——荣誉心也没有减弱这种精神，因而它更加无暇地放出光辉。"[1]

梅林也强调指出，德国社会民主工党在"非常法"实施期间在国外举行的几次代表大会所做出的那些决定具有坚定的原则性和鲜明性，例如1880年8月的维登代表大会对哥达纲领进行了修改，"党不再只用一切合法手段，而要用一切手段来达到自己的目的"[2]，或者如1883年春在哥本哈根召开的代表大会，发表了要求党"勇往直前"和"反对对统治阶级的迫害作任何让步，反对幻想官厅宽大"[3]的声明。梅林还介绍了德国社会民主工党在这次代表大会上坚决拒绝俾斯麦的社会改革的态度。他说，德国社会民主工党既不相信统治阶级的真诚意图，也不相信它的能力。相反地，

---

[1] 〔德〕弗·梅林：《德国社会民主党史》第四卷《党的合并，反社会党人法时期（1869—1891）》，青载繁译，生活·读书·新知三联书店1966年版，第210页。

[2] 同上书，第179页。

[3] 同上书，第216页。

党深知所谓的社会改革只不过是一种把工人引向邪道的策略手段而已。梅林指出:"这就是无产阶级对皇帝的告谕的明确而坦率的回答。"[1]

"非常法"的残暴与恐怖并没有阻挡住德国的工人运动。德国社会民主工党不顾一切迫害,取得了一个又一个的选举胜利。当后来党的斗争导致1890年2月20日的竞选的伟大胜利和俾斯麦连同"非常法"一起被扫除时,工人运动有充分的理由说,秘密斗争所遭受的巨大牺牲并不是徒劳。不仅追随者的人数增加了两倍,而且组织也壮大了;工会得到了迅速的发展,许多新的机关报有可能创办起来。总而言之,采用合法手段和秘密手段进行的坚决斗争全面地加强了工人运动,而这一切斗争的主要力量就是党的普通党员和工作者。梅林写道:"这是根本不能用数字表示的不可估量的成就,自从党十二年来胜利地经历了反对一个大国的所有权力手段的战争以来,党内的不可战胜的意识也是数字所不能表达的。群众是无产阶级英雄

---

[1] 〔德〕弗·梅林:《德国社会民主党史》第四卷《党的合并,反社会党人法时期(1869—1891)》,青载繁译,生活·读书·新知三联书店1966年版,第216页。

二、梅林的历史观和历史研究

时代的主人公;这个时代特别伟大和崇高之处正在这里。"[1]

然而,自从"非常法"被废除和俾斯麦统治垮台以来,由于容克地主-资产阶级改变了统治手法,社会民主党的一些领导人也产生了对普鲁士-德意志国家的机会主义幻想。格奥尔格·冯·福尔马尔和伯恩施坦等人先后提出了和平"长入社会主义"的主张,反对无产阶级暴力革命和无产阶级专政。1914年第一次世界大战爆发后,德国社会民主党内的修正主义分子大肆鼓吹护国主义,极力歪曲战争性质,积极支持德意志帝国政府的战争政策。8月2日,在德国对俄国宣战的第二天,为修正主义者控制的德国自由工会理事会决定:支持帝国政府在总动员期间采取的措施,停止进行罢工斗争,工会联合会的财力和组织机构应为战争服务。8月3日,在德国对法国宣战的当天,社会民主党议会党团以78票对14票决定在次日召开的帝国国会中投票赞成军事预算,无条件地同意给帝

---

[1] 〔德〕弗·梅林:《德国社会民主党史》第四卷《党的合并,反社会党人法时期(1869—1891)》,青载繁译,生活·读书·新知三联书店1966年版,第319页。

国政府的数十亿战争拨款。两天后,党的执行委员会公开号召党员支持战争。由此可见,德国社会民主党的右派集团已从修正主义堕落为社会帝国主义了。

对于德国社会民主党领袖投入帝国主义阵营的行为和整个机会主义的实践,梅林同卡尔·李卜克内西、卢森堡和蔡特金等坚定的马克思主义者一起给予了无情的抨击。不仅批驳了社会帝国主义者背叛德国社会民主党反对帝国主义、反对军国主义和国际团结传统的"保卫祖国"论和"阶级和平"论,而且还根据历史事实,论证了德国社会民主党的革命性质。针对社会民主党右派和资产阶级历史学家否定老社会民主党的革命性质,硬说社会民主党从来就是一个改良党,认为它反对资本主义社会和资产阶级国家并不具有原则性的观点,梅林通过回顾党在"非常法"实施期间的历史,充分证明了老的社会民主党是一个革命的党,一个真正为社会主义奋斗和以社会主义精神教育工人的党。这个党不愿意满足于资本主义范围内的改良,更不允许像后来的社会民主党领导人在第一次世界大

二、梅林的历史观和历史研究

战中所做的那样,把自己拴在帝国主义者的战车上。[1]

然而,值得注意的是,梅林在论述德国工人运动史时也发表了一些与马克思的意见有严重分歧的观点,这主要表现在对西里西亚织工起义、魏特林、波尔恩、巴枯宁、拉萨尔和施韦泽等历史事件和历史人物的评价上。在梅林看来,马克思对西里西亚织工起义的成熟性评价过高,赋予了它当时还不具有的倾向。德国工人阶级的发展在以后几年,首先是在1848—1849年的革命中表明,它没有达到马克思所说的那种觉悟程度。梅林虽然知道魏特林的观点同马克思和恩格斯的观点有巨大差异,但他仍然强调魏特林的观点是"空想社会主义和无产阶级社会主义之间的纽带",认为魏特林只是没有克服"空想的派别的观点的最后残余"。马克思和恩格斯在《共产党宣言》中指责"真正的社会主义者"实际是德意志各邦专制政府求之不得的、吓唬资产阶级的稻草人,但梅林却辩解说德国的社会主义并不是要起这样的作用。梅林还把马克思和恩格斯谋求的无产阶级组织同波尔恩建立的"工人

---

[1] 参见〔民主德国〕约·施拉夫斯坦:《梅林传——他的马克思主义创作(1891—1919)》,邓仁娥等译,人民出版社1989年版,第258页。

兄弟会"相提并论,并且偏重于在一定程度上过高估计工人运动中的自发因素和工人的思想水平。而这种观点与马克思和恩格斯的认识又是有差距的。梅林曾在《德国社会民主党史》中提到了巴枯宁的瓦解活动,但是后来,联系第一国际的内部斗争和它解体的原因,他又在《马克思传》中极力维护巴枯宁的名誉。他甚至说,马克思和恩格斯在第一国际总委员会的各种文件中对巴枯宁本人做得不公正。[1]

梅林认为,拉萨尔"虽然……具有唯心主义世界观,但是由于他有伟大的天才,有革命的本能,首先也由于他真诚地、不倦地追求真理,所以他能够一直深入到科学共产主义的核心"[2]。拉萨尔的《工人纲领》是"反映德国状况的《共产党宣言》"。诚然,该纲领比《共产党宣言》片面,但是在这种片面性中"也有它的优点"。《共产党宣言》对当时的德国工人阶级来说

---

[1] 参见〔民主德国〕约·施拉夫斯坦:《梅林传——他的马克思主义创作(1891—1919)》,邓仁娥等译,人民出版社1989年版,第237、238、240、244—245、250—251页。
[2] 〔德〕弗·梅林:《德国社会民主党史》第二卷《三月革命及其后果(1848—1863)》,青载繁译,生活·读书·新知三联书店1964年版,第246页。

二、梅林的历史观和历史研究

是一本难懂的书。与之不同,拉萨尔的《工人纲领》虽然只给他们指出历史道路的"最初几站",但却指得十分清楚明白。[1]

至于拉萨尔的经济处方,即国家资助的生产合作社,梅林非常清楚,它并不像拉萨尔认为的那样,可以成为一种"根据自身发展的活动的结果"导致土地所有制和资本所有制的消灭的手段。梅林说,拉萨尔在这里犯了小资产阶级社会主义的错误。他批评拉萨尔的办法具有幻想性质,但同时又认为拉萨尔在合作问题上同马克思和恩格斯是站在"同一个立场上"的。拉萨尔是无产阶级专政的支持者。[2] 梅林甚至认为,拉萨尔对普选权的评价比马克思和恩格斯正确,在这个问题上,形势的发展"不断地把德国社会民主党推向拉萨尔预先给它规定的道路"[3]。

---

[1] 〔德〕弗·梅林:《德国社会民主党史》第二卷《三月革命及其后果(1848—1863)》,青载繁译,生活·读书·新知三联书店1964年版,第344页。

[2] 〔德〕弗·梅林:《德国社会民主党史》第三卷《拉萨尔的鼓动,党派的争论(1863—1869)》,青载繁译,生活·读书·新知三联书店1965年版,第49—51页。

[3] 同上书,第41页。

同对他的思想一样,梅林对拉萨尔的政治策略也是采取调和态度的。他辩护说,拉萨尔的路线"在道义上和政治上毫无疑问是有道理的",理由是工人阶级必须利用统治阶级内部的分裂来实现自己的目的。梅林只是"对于他(拉萨尔)个人实际执行这种策略的能力"有些异议。[1]针对马克思和恩格斯对拉萨尔所做历史贡献的评价,梅林认为,马克思和恩格斯作了不正确的评价,他们对他的批评十分苛刻不公。[2]

梅林对马克思和恩格斯的态度,可以从他反对伯恩施坦修正主义的斗争中看出,在这里他重新回到了他对拉萨尔的评价:"伯恩施坦……小心翼翼地依附于马克思和恩格斯对拉萨尔作出的结论,而没有运用马克思和恩格斯的方法来检验这些结论,他由此得出了对拉萨尔非常不合适的评论,相反,我主要是运用大师们的方法对其结论进行审查,这样,正如我所担心的那样,我所写的关于拉萨尔和拉萨尔主义的那一章

---

[1] 〔德〕弗·梅林:《德国社会民主党史》第三卷《拉萨尔的鼓动,党派的争论(1863—1869)》,青载繁译,生活·读书·新知三联书店1965年版,第92—93页。

[2] 〔德〕弗·梅林:《马克思传》,樊集译,持平校,人民出版社1965年版,第400页。

二、梅林的历史观和历史研究

与马克思和恩格斯的'传统'陷入了严重的对立状态。但是我坚信,我比伯恩施坦更多地按照马克思和恩格斯的精神进行工作,而伯恩施坦原先仅仅是紧紧跟随马克思和恩格斯的结论,现在,因为他对马克思和恩格斯产生了怀疑,便想把方法也彻底抛弃了。"[1] 梅林不囿于马克思的具体结论,而是试图运用历史唯物主义的方法作出比较符合历史实际的判断和评价,他的观点虽不一定正确,但这种探索精神是值得肯定的。

---

[1] F. Mehring, *Gesammelte Schriften,* Bd. 13, S. 366, 转引自 Helga Grebing/Monika Kramme, *Franz Mehring*, in: Hans-Ulrich Wehler (Hrsg.), *Deutsche Historiker*, Göttingen: Vandenhoeck & Ruprecht, 1973, S. 573。

三、德国早期马克思主义史学的分化和外流

第一次世界大战后,德国马克思主义史学家发生了严重分化:一部分属于德国社会民主党左派和共产党的马克思主义史学家,他们积极拥护列宁主义和十月革命,自觉地遵循马克思列宁主义的理论观点考察和研究历史;另一部分则属于德国共产党以外的马克思主义史学家,他们支持社会主义革命运动,热衷于研究马克思主义,努力运用他们所理解的马克思主义历史理论考察历史问题,但不赞成德共领导人的方针路线,与德共官方的历史编纂保持一定的距离。然而,在希特勒纳粹政权建立后,无论是德共马克思主义史学家还是非德共马克思主义史学家,都遭到了残酷迫害:不是被关押到集中营,就是流亡国外。德国马克

思主义史学再次被封杀,只是在流亡国外的马克思主义史学家当中尚且保留着一息生生不灭的火种。

(一)德国社会民主党左派马克思主义史学家

1914年6月28日,奥匈帝国皇太子弗兰茨·斐迪南大公在萨拉热窝被塞尔维亚一个秘密组织的成员普林西普刺杀。7月29日,奥匈帝国对塞尔维亚宣战。7月30日,俄国出兵援助塞尔维亚。8月1日,德国对俄国宣战;8月3日,德国又对法国宣战。8月4日,德国入侵保持中立的比利时,英国向德国发出尊重比利时中立的最后通牒,等于对德国宣战。8月6日,奥匈帝国向俄国宣战。随后,英法两国先后对奥匈帝国宣战。意大利、罗马尼亚先取中立后加入协约国集团,保加利亚、土耳其参加同盟国集团。一场以欧洲为主战场的世界大战就此爆发。

第一次世界大战是欧洲同盟国和协约国两大军事集团为瓜分殖民地和势力范围、争夺世界霸权而进行的一场世界规模的战争,它自1914年8月开始到1918年11月结束,历时4年3个月,战火燃遍欧洲,波及亚洲、非洲、大西洋和太平洋，先后卷入战争的有33个国家，15多亿人口。它不仅给世界人民造成了惨重损失和巨大痛苦[1]，而且也使欧洲和国际局势发生了巨大动荡和变化，堪称20世纪的"起始灾难"[2]。

一战的爆发也使得成立于1889年的各国社会主义政党的国际联合组织"第二国际"[3]蜕化变质，陷于瓦解，因为它的领导权已被修正主义者所把持，而后者大都公开撕毁了《巴塞尔反战宣言》所规定的革命原则，转而支持本国政府的战争政策。

在这种形势下，无产阶级的革命领袖列宁在领导俄国革命的实践中，通过研究自由资本主义向垄断资本主义过渡的规律，分析金融寡头专政和帝国主义的实质，概括自然科学和社会科学发展的最新成果，总结无产阶级革命斗争的最新经验，创造性地运用和发展了马克思主义，使马克思主义理论达到了一个新高峰，即列宁主义。

---

[1] 交战双方动员兵力共7340余万人，直接参战部队2900多万人，阵亡约1000万人，受伤约2000万人，经济损失约2700亿美元。

[2] Wolfgang J. Mommsen, *Die Urkatastrophe Deutschlands: Der Erste Weltkrieg 1914—1918*, Stuttgart: Klett-Cotta, 2002, S. 14.

[3] 又称"社会主义国际""社会党国际"。

三、德国早期马克思主义史学的分化和外流

列宁主义是帝国主义和无产阶级革命时代的马克思主义。同马克思主义一样,列宁主义的普遍原理也是世界无产阶级及其政党的指导思想的理论基础。因此,它常常和马克思主义一起合称为马克思列宁主义。它包含有丰富的历史内涵,它的产生标志着马克思主义历史科学和历史思想进入了一个新的发展阶段。[1]

1917年2月,正当第一次世界大战还在继续进行的时候,俄国爆发第二次资产阶级民主革命,沙皇尼古拉二世失去了对军队和国家的控制,被迫退位。资产阶级在彼得格勒建立了一个临时政府。而由革命的工人和士兵组织的苏维埃掌握了实际的权力。资产阶级临时政府继续进行罪恶的帝国主义战争,继续奴役广大劳动人民,并且千方百计地扑灭革命火焰。11月7日(俄历10月25日),列宁领导的布尔什维克武装力量推翻了临时政府,建立了世界上第一个实行无产阶级专政的社会主义国家。

十月革命是人类历史上第一次胜利的社会主义革

---

[1] Klaus Kinner, *Marxistische deutsche Geschichte 1917 bis 1933: Geschichte und Politik im Kampf der KPD*, Berlin: Akad.–Verl., 1982, S. 19.

命，它使一种前所未有的社会制度由理想变为现实，也使马克思列宁主义传遍全世界，为人类探索社会主义道路开辟了一个新时代。

在德国，列宁主义和十月革命受到以卡尔·李卜克内西、罗莎·卢森堡、弗兰茨·梅林和克拉拉·蔡特金等人为首的社会民主党左派的热烈欢迎。列宁对马克思革命理论的阐述，他对帝国主义、无产阶级专政、社会主义国家政权的分析以及他的建立新型政党的学说更得到社会民主党左派的真诚接受。而列宁从世界史角度确定自法国大革命以来的时代内容的做法，直接导致了德国马克思列宁主义历史研究的兴起。

卡尔·李卜克内西是德国和国际工人运动著名活动家威廉·李卜克内西的儿子，德国社会民主党和第二国际左派领袖，无产阶级革命家，国际共产主义运动的宣传鼓动家和组织家。他在中学和大学学习期间即参加革命活动，积极宣传马克思主义，散发革命传单，揭露反动政府的内外政策，抨击容克地主与资产阶级压迫人民的暴行。1902年被选进柏林市政局。1908年被选为普鲁士议会议员。1912年被选为德国国会议员。1914年当第二国际大多数社会民主党领导

三、德国早期马克思主义史学的分化和外流

背叛自己的誓言,投票赞成本国政府军事预算,堕落为社会沙文主义者的时候,卡尔·李卜克内西却继续坚持无产阶级国际主义,反对帝国主义战争。12月2日,在德国国会就军费案进行第二次表决时,他不顾所谓的"纪律",独自投了反对票,成了德国革命的反战运动的象征,因而也遭到统治阶级和修正主义者的迫害。他被修正主义者开除出社会民主党国会党团,1915年被反动政府征兵入伍。尽管如此,李卜克内西并未放弃斗争。他在1916年联合其他"国际派"成员,成立了"斯巴达克派",后更名为"斯巴达克同盟"。

1917年俄国十月革命爆发时,卡尔·李卜克内西正身陷囹圄,但他依然表现出对这一革命事件的莫大关注,试图用革命史比较方法来理解刚刚显现出轮廓的事件的本质和历史地位。在卡尔·李卜克内西看来,与1789年和1848年资产阶级革命相比,十月革命具有全新的世界历史性质,是对无产阶级革命时代到来的庄严宣告。[1]

---

[1] Klaus Kinner, *Marxistische deutsche Geschichte 1917 bis 1933: Geschichte und Politik im Kampf der KPD*, Berlin: Akad.–Verl., 1982, S. 23.

罗莎·卢森堡也是德国社会民主党和第二国际的左派领袖,不仅如此,她还是国际共产主义运动史上杰出的马克思主义思想家和理论家。她在上大学期间就认真钻研马克思和恩格斯的著作。1892年成为一名马克思主义者。1893年与立陶宛革命家里欧·约基希斯(Leo Jogiches)一起创办了《工人事业》杂志,次年3月又创建了波兰王国社会民主党。1898年,卢森堡迁居柏林,积极参加德国社会民主党的竞选活动,热情宣传马克思主义,严厉批判伯恩施坦修正主义,坚决主张通过革命夺取政权。她还以极大的精力从事波兰王国与立陶宛社会民主党的工作,就策略和战略问题向该党的总委员会提出意见和建议。

第一次世界大战爆发后,卢森堡与李卜克内西一起,团结左派同社会民主党领导集团进行斗争,谴责社会民主党的护国立场是一种叛卖。

同卡尔·李卜克内西一样,俄国十月革命胜利时,卢森堡也被牢狱的高墙与外界隔离开来,但她非常关注这个革命,在狱中写作了《论俄国革命》一文。她

三、德国早期马克思主义史学的分化和外流

尽管对列宁、托洛茨基和布尔什维克派的土地政策和民族政策提出了一些批评意见,并对无产阶级专政和社会主义民主持不同观点,但坚决赞同列宁、托洛茨基和布尔什维克派的社会主义革命尝试,旗帜鲜明地为"列宁党"的世界历史性壮举进行辩护,把十月革命看作是资产阶级与无产阶级之间斗争的一个世界性转折。[1] 卢森堡声称:"俄国革命是世界大战最重大的事件。它的爆发,它的史无前例的激进主义,它的持久的影响,最好地驳斥了官方的德国社会民主党起初十分卖力地从思想上为德帝国主义征服战争进行粉饰的谎言:德国刺刀担负着推翻俄国沙皇制度和解放受它压迫的各族人民的使命。"[2] 列宁党的"十月起义不仅确实挽救了俄国革命,而且也挽救了国际社会主义的荣誉"[3]。

弗兰茨·梅林和克拉拉·蔡特金同样慷慨激昂地

---

[1] Klaus Kinner, *Marxistische deutsche Geschichte 1917 bis 1933: Geschichte und Politik im Kampf der KPD*, Berlin: Akad.–Verl., 1982, S. 24.

[2] 〔德〕罗莎·卢森堡:《论俄国革命·书信集》,殷叙彝、傅惟慈、郭颐顿等译,贵州人民出版社2001年版,第1页。

[3] 同上书,第10页。

为十月革命进行辩护。他们不仅把苏维埃政权看作是无产阶级专政的具体表现,而且还提出了把十月社会主义革命的基本原则普遍化的主张。[1]

(二)德国共产党马克思主义史学家

1918年10月底,德国海军司令部命令驻基尔的舰队出海作最后一战,遭水兵拒绝,许多水兵因此被捕。11月3日,基尔舰队的水兵联合码头工人发动武装起义,仿照俄国十月革命,建立工兵代表苏维埃,揭开了德国十一月革命的序幕。革命浪潮迅速向全国蔓延,在吕贝克、汉堡、不来梅、汉诺威、马格德堡、不伦瑞克、奥尔登堡、什未林、罗斯托克、科隆、德累斯顿、莱比锡、慕尼黑等地相继成立了工兵代表苏维埃。

11月9日,在斯巴达克派等组织的号召下,首都柏林工人和士兵发动武装起义,德意志帝国皇帝及皇

---

[1] Klaus Kinner, *Marxistische deutsche Geschichte 1917 bis 1933: Geschichte und Politik im Kampf der KPD*, Berlin: Akad.–Verl., 1982, S. 25—26.

三、德国早期马克思主义史学的分化和外流

太子被迫退位,以艾伯特和谢德曼为首的社会民主党右派集团接管了政权,宣布成立"民主共和国",并组建了号称人民全权委员会的临时政府。然而,掌握了国家政权的社会民主党和德国独立社会民主党并没有打碎旧的国家机器,而是采取了与资产阶级政党联盟、勾结旧军队、镇压革命运动的政策。

为了从组织上与机会主义划清界限,把革命推上社会主义轨道,德国社会民主党左派决定接受列宁主义,根据俄国革命的经验,建立一个新型的革命政党。他们先是改组成了"斯巴达克同盟",随后又在1918年和1919年之交,正式成立了德国共产党,宣布以实现无产阶级专政、建立统一的社会主义共和国为目标。

德共成立后,积极组织罢工斗争和武装起义,力图推翻艾伯特政府。但由于缺乏统一的指挥和相互之间的联系,各地的斗争均没有成功,卡尔·李卜克内西和卢森堡也惨遭反动军队的杀害。

1919年3月,"共产国际"[1]在莫斯科成立。共产

---

[1] 也称"第三国际"。

国际是在列宁的亲自领导下成立的，其任务是宣传马克思主义，团结世界各国工人阶级和广大劳动人民，为推翻资产阶级的统治、建立无产阶级专政、消灭剥削制度而斗争。它以民主集中制为组织原则，最高权力机关是代表大会，各国共产党是它的支部。

德国共产党从一开始就参加了共产国际。对于这个在资本主义国家建立的第一个共产主义政党，列宁十分重视，建议德共认真总结革命失败教训，做好党建工作。正是在列宁的亲切关怀下，德共积极开展了历史研究工作，力图通过总结历史上的经验教训，制定正确的革命纲领和策略。

德共中央首先号召全体党员全面考察布尔什维克的历史，深入分析十月革命的成功经验，进一步学习和掌握列宁主义。在德共中央看来，从布尔什维克历史中产生的经验，对于制定统一战线和工人政府政策具有十分重要的意义。

德共中央也很重视对德国的和国际的工人运动史的研究，坚决主张以布尔什维克的理论和实践为评判尺度，与德国的和国际的工人运动史中的机会主义和修正主义传统划清界限，通过突出与马克思和恩格斯、

三、德国早期马克思主义史学的分化和外流

共产主义者同盟、第一国际、奥古斯特·倍倍尔和威廉·李卜克内西的革命活动相联系的传统,来赢得自身的认同性。

德共中央还克服了先前经常出现的、把资产阶级革命与无产阶级革命对立起来的片面倾向,号召党的理论工作者广泛研究和讨论1789年、1848年和1918年的重大革命事件,力图通过追溯以往的革命斗争,更加清楚地认识当前斗争的合乎规律性和发展趋势,争取包括中间阶层在内的广大人民群众的支持。对于许多德共党员来说,在帝国主义时代,资产阶级已经完全成为反对革命的了,而这个阶级的革命传统现在也只能由革命的无产阶级加以保护和捍卫了。此外,通过对资产阶级革命的研究,特别是对1789年法国革命的研究,也可以用资产阶级在上升时期所创造的具有进步性的哲学、文学、艺术和音乐贡献,特别是启蒙运动和古典主义的思想财富,来进一步丰富革命的无产阶级的传统宝库。

年轻的德国共产党自然也对本党历史抱有浓厚兴趣。它在建立后不久就开始出版有关斯巴达克同盟的斗争的文献,致力于从列宁主义出发对罗莎·卢森堡

和弗兰茨·梅林的理论著作加以认真研究,保护、捍卫和传播德国左派的理论遗产。在这方面,党的杰出领导人和理论家赫尔曼·邓克尔(Hermann Duncker,1874—1960)、恩斯特·迈耶尔(Ernst Meyer,1887—1930)和克拉拉·蔡特金等都做出了重要贡献。[1]

邓克尔主要负责德共的教育工作。他学习过音乐、国民经济学、历史和哲学,编辑过《莱比锡人民报》,是德国斯巴达克同盟和共产党的创始人之一。在20世纪20—30年代,他写作并发表了《被欺骗的欺骗者的纲领》(1923)、《资本主义利润ABC》(1925)、《罗莎·卢森堡的反修正主义斗争》(1925—1926)、《恩格斯的警告》(1927)、《考茨基论社会主义从科学到空想的发展》(1927)、《马克思和恩格斯反对小资产阶级社会主义的斗争》(1928)和《恩格斯的精神遗嘱》(1928)等著作。

迈耶尔也参与过创建斯巴达克同盟和德国共产党活动,20世纪20年代初一度出任《红旗》杂志的主编

---

[1] Klaus Kinner, *Marxistische deutsche Geschichte 1917 bis 1933: Geschichte und Politik im Kampf der KPD*, Berlin: Akad.–Verl., 1982, S. 27—30.

三、德国早期马克思主义史学的分化和外流

和德共中央主席。他的主要著作是《政治压迫》(1926)和《战争中的斯巴达克同盟——战争中斯巴达克同盟的非法传单》(1927)等。

蔡特金是罗莎·卢森堡的亲密战友和朋友,德国社会主义革命家、杰出的共产主义战士、国际妇女运动的先驱。她在德意志帝国俾斯麦政府疯狂镇压工人运动时期投身革命,先后参加了德国社会民主党、德国独立社会民主党和德国共产党。自1919年起编辑出版《女共产党员》杂志。自1921年起担任"国际劳动者救援协会"主席。1920—1933年,在魏玛共和国国家议会中代表德共;1932年成为名誉议长。1921—1933年,在共产国际中担任执行委员会主席团成员、西欧书记处成员和妇女书记处书记。蔡特金出席了这些党和组织的绝大多数代表大会和代表会议,并且多次做过专题报告和演说。她也发表了一些纪念卢森堡、卡尔·李卜克内西的著述,写有回忆列宁的文章。此外,还发表了若干论述德国妇女运动历史的讲话和文章。

然而,所有问题并不能够一下子就解决,在以后的发展过程中,德共也遭遇了不少挫折。

1920年12月,以多伊米希为首的左派独立社会

民主党与共产党合并。合并后的党称为"德国统一共产党",其规模和影响不断扩大,但在党内却滋生了严重的"左倾"盲动情绪。1921年3月,德国统一共产党发动了一系列反政府的群众起义,把斗争矛头直接指向魏玛政权,试图通过总罢工和武装起义夺取政权,建立工农政府。可是所有的起义均以失败告终。

1923年1月11日,法国和比利时两国以德国拒不履行《凡尔赛和约》规定的缴纳战争赔款义务为借口,派遣军队开进鲁尔地区,企图用暴力手段对德国施加压力。对于这种侵略行为,德国统一共产党中央呼吁民众进行两条战线的斗争,既反对侵略者也反对本国资本家。自2月起,各地开始组建"无产阶级百人团",群众性抗议斗争此伏彼起。到8月份,工人运动进入了开展全国总罢工的新阶段。德国统一共产党领导人决定把斗争矛头直接指向政府当局,试图通过总罢工和武装起义夺取政权,建立工农政府。10月20日,德共中央下达命令,指示汉堡等地发动武装起义,全国举行总罢工。以恩斯特·台尔曼(Ernst Th Thälmann,1886—1944)为首的300名共产党员和工人出其不意地袭击汉堡工人区的警察哨所,夺取武器,

三、德国早期马克思主义史学的分化和外流

然后攻击城内的敌人。没有参加战斗的共产党员则前往各区从事宣传鼓动,争取劳动群众支持。但是,由于共产党在企业中扎根不深,未能鼓动起广泛的罢工和武装起义。起义者同人数比自己多20倍的政府军队对抗了3天,终因力量悬殊,不得不撤出战斗。

1923年起义的失败,导致德国共产党损失了将近一半的党员。布兰特勒的领导权被剥夺,马斯洛夫和费舍尔等"极左派"分子获得了支配地位。当时,在德国统一共产党内有多种多样的政治观点,对于议会和工会策略、苏联和共产国际的发展、欧洲资本主义的状况等问题,人们在认识上存在着严重的意见分歧。马斯洛夫-费舍尔集团强调做更有组织的革命准备,拒绝对社会民主党实行统一阵线政策。

自1924年起,德国政府利用美、英、法和苏联之间的矛盾以及西方国家内部的争斗从中渔利,通过承认赔款,投靠美国,与苏联拉关系,与法国和解等外交政策,克服了战后此起彼伏、不断涌现的社会、政治和经济危机,使共和国进入了一个相对稳定的和平发展时期。

在相对稳定时期,德共首先确定了以巩固自己的

队伍、加强党在群众中的影响为主要任务的方针,同时也在组织上清除了党内极左派的领导。1925年7月,德共第十次代表大会召开,马斯洛夫-费舍尔集团的领导权被剥夺,台尔曼当选为中央委员会主席。在与极左派的争论得到平息后,进一步学习和掌握马克思列宁主义、运用历史唯物主义观点考察和研究历史问题的新阶段开始出现。而面对进入资本主义相对稳定时期出现的大量新问题,越来越多的党员也充分认识到了加强理论和历史研究工作、扩大意识形态宣传、制定新的纲领策略的重要性。

在恩斯特·台尔曼、赫尔曼·邓克尔、埃德温·赫恩勒(Edwin Hoernle,1883—1952)和海因里希·劳(Heinrich Rau,1899—1961)等经验丰富的德国革命的工人运动领导干部和理论家的领导下,德国共产党作为资本主义国家第一个共产主义政党开始了系统的历史宣传和传统保护工作。

首先,德共在中央和企业中建立了党校,为理论学习和历史研究工作提供了坚实的基础和良好的条件。与此同时,德共也在党内开展了系统学习马克思主义经典作家著作和共产国际的纲领、深入研究德国

三、德国早期马克思主义史学的分化和外流

的和国际的工人运动史的活动。对于马克思主义经典作家从中汲取了丰富经验的革命事件,特别是1848年和1789年资产阶级革命、巴黎公社和德国农民战争,德共领导人和理论家也表现出了极大的关注。

在纪念十月革命和十一月革命、德国共产党和共产国际的建立以及汉堡起义等一系列重大事件的活动中,德共领导人和理论家大都进行了比较深刻的历史回顾和历史反思,比较全面地分析了布尔什维克和德国共产党的发展道路。在纪念"非常法"颁布50周年和第二国际建立40周年时,也与右倾机会主义开展了激烈的意识形态辩论。[1]

与日益提高的对党的理论和宣传工作的要求相对应,特别是在1927年以后,许多与德共党史和整个德国工人运动史相关的资料和论著得到了出版。它们不仅丰富了人们对历史细节的了解,而且还深化了人们对本质联系的认识。德共领导人和理论家们更加自觉地运用列宁借以丰富了马克思主义的提问和观点来

---

[1] Klaus Kinner, *Marxistische deutsche Geschichte 1917 bis 1933: Geschichte und Politik im Kampf der KPD*, Berlin: Akad.-Verl., 1982, S. 194.

考察德国工人运动史，站在一个新的理论高度上，获得了对整个进程的比较全面的认识。与德共诞生最初几年的历史著作，甚至与弗兰茨·梅林的大部头著作相比较，德国工人运动史不再是编年史式的"连续撰写"了。19世纪末20世纪初德国社会民主党、德国左派和德国共产党的历史发展被更广泛地置于国际工人运动的关联之中。列宁党的成功经验被越来越自觉地用作评价德国共产党自身历史的尺度。人们普遍认识到，德共之所以能够发展成为一个最富战斗性的马克思列宁主义群众党，主要是它坚定不移地依靠共产国际的结果。[1]

在有关资产阶级革命的著述中，列宁把1789年和1848年革命看作资产阶级革命不同发展道路的原型的观点也得到了大多数德共党员的接受。1925年上半年，在纪念伟大的农民战争400周年的活动中，列宁把富有创造性的联盟政策与对革命的农民运动的研

---

[1] Klaus Kinner, *Marxistische deutsche Geschichte 1917 bis 1933: Geschichte und Politik im Kampf der KPD*, Berlin: Akad.-Verl., 1982, S.199.

三、德国早期马克思主义史学的分化和外流

究联系起来的方法也为许多德共党员所借鉴和运用。[1]

德国共产党意识形态理论工作的纵深开展还表现在下列努力上,这就是向更多劳动者灌输马克思列宁主义关于革命的工人运动是人类历史所有进步传统的继承者的基本观点。[2] 这一点尤其突出地反映了德国共产党人进一步发展和宣传马克思列宁主义历史观的愿望。

1929年,资本主义世界爆发空前严重的经济危机,魏玛共和国因为对美国资本的强烈依赖,首当其冲地受到了经济危机的危害。政治和社会局势每况愈下,几届政府都未得到议会多数支持,广大民众的不满情绪也日益高涨。在这种情况下,阿道夫·希特勒和民族社会主义德国工人党利用封建残余势力的死灰复燃、资产阶级政党的软弱无能以及魏玛共和国体制本身的弱点,大肆宣扬反犹太主义、反民主主义、反和平主义、反马克思主义和反共产主义,狂热鼓吹大德

---

[1] Klaus Kinner, *Marxistische deutsche Geschichte 1917 bis 1933: Geschichte und Politik im Kampf der KPD*, Berlin: Akad.–Verl., 1982, S.200.
[2] 同上书,第201页。

意志民族主义、法西斯主义和扩张主义,终于在1933年1月30日夺取了国家政权,建立起纳粹专制制度。

随着世界经济危机的爆发和德国法西斯化的日益加剧,无产阶级的斗争形势变得更加严峻了。德国共产党的首要工作是越来越坚决地进行反对日益迫近的法西斯主义威胁的斗争。这个斗争的必要性也决定了历史研究工作的重点,其突出特点是,在已经获得的成果的基础上,继续深入探讨革命的德国和国际的工人运动史,特别是苏联共产党的历史;而其所取得的一个重大进步是,在争取建立广泛的、包括人民群众所有阶层的反法西斯危险的阵线的努力中提出了"人民革命"(die Volksrevolution)的口号。借助于这一政策和广大民众在反法西斯主义行动中的严密组织,德国共产党颇有成效地阻止了纳粹党的猖狂进攻,开启了"建立反法西斯主义统一战线进程"。[1]

在这个时期,德共中央"罗莎·卢森堡"党校的规模有了大幅增长。在赫尔曼·邓克尔、恩斯特·施

---

[1] Klaus Kinner, *Marxistische deutsche Geschichte 1917 bis 1933: Geschichte und Politik im Kampf der KPD*, Berlin: Akad.-Verl., 1982, S.405.

三、德国早期马克思主义史学的分化和外流

奈尔（Ernst Schneller，1890—1944）、菲利普·登格尔（Philipp Dengel，1888—1948）等人的指导下，学员们深入探讨党史和德国工人运动史、共产国际的历史和苏联共产党的历史。马克思主义劳动学校也在邓克尔和施奈尔的领导下，发展成为马克思列宁主义群众大学了。它开设有"社会主义和共产主义史——从《共产党宣言》到1918年"和"德国工人运动史——从1914年到目前"等课程。邓克尔和施奈尔还开办了"工人运动史教师培训班"，讲授马克思主义劳动学校基本课程。[1]

由于在经济危机年代，德国共产党的党员人数大增，这就要求向刚刚加入德共、年龄还很小、在阶级斗争中尚缺乏经验的新党员灌输马克思列宁主义，介绍德国共产党的历史和德国工人运动的历史。党史研究因此获得了日益明显的群众性特点。鉴于资本主义世界受到经济危机的巨大冲击，德国共产党人也积极向广大劳动人民宣传苏联欣欣向荣的社会主义建设的

---

[1] Klaus Kinner, *Marxistische deutsche Geschichte 1917 bis 1933: Geschichte und Politik im Kampf der KPD*, Berlin: Akad.-Verl., 1982, S.405—406.

优越性，并且指出这是摆脱经济危机苦难的唯一真正道路。

希特勒上台后，在国内制造白色恐怖，大肆逮捕不同政见者，掀起排犹浪潮，建造大批集中营。1933年2月利用"国会纵火案"逐步取缔除纳粹党外的一切政党。同年3月通过"授权法"，废除魏玛共和国的议会民主制，集大权于一身，完成了划一体制，推行一个民族、一个政党、一个领袖、一种思想的专制独裁制度。从此，德国由一个法治国家成为一个一党专政的领袖制国家。与此同时，希特勒积极扩军备战，逐步废除《凡尔赛和约》对德国的种种限制，占领莱茵非军事区，合并奥地利，侵吞苏台德，把德国推向战争边缘。

在纳粹政权的统治下，台尔曼等大批共产党员被捕入狱，德共转入地下。在异常艰难的条件下，德共在国内外组织领导了反法西斯斗争。1939年1月，德共在瑞士伯尔尼召开代表会议，制定了工人阶级和一切反法西斯人士在反对希特勒专政的共同斗争中建立民主共和国的纲领。苏德战争爆发后，德共于1943年7月在莫斯科团结德国各界反法西斯人士成立"自

三、德国早期马克思主义史学的分化和外流

由德国"全国委员会,该委员会发展成为德国反法西斯人士的政治与组织中心。总的来说,希特勒发动第二次世界大战后,德共展开了各种形式的反战抵抗运动,但也付出了重大牺牲,有三分之一的党员被杀害。德共马克思列宁主义历史研究同样遭到了严重摧残。

(三)德国共产党以外的马克思主义史学家

德共以外的马克思主义史学家主要有马克斯·比尔(Max Beer,1864—1943)、卡尔·柯尔施(Karl Korsch,1886—1961)和阿图尔·罗森贝格(Arthur Rosenberg,1889—1943)等。他们在政治上支持社会主义革命运动,有的还加入过德共,只是后来在党内斗争中,因为持不同政见而被开除出党。纳粹政权建立后,他们流亡国外,但大都继续从事教学和研究工作,写作并发表了一些有价值的历史著作,为丰富马克思主义历史编纂做出了一定贡献。

1. 马克斯·比尔

马克斯·比尔出生在当时属于奥匈帝国加利西亚

的一个犹太人家庭。1889年迁居柏林，后来加入德国社会民主党，经弗兰茨·梅林和威廉·李卜克内西推荐成为马格德堡《人民之声》杂志的编辑。在因为政治原因被关押14个月后，比尔于1894年迁居伦敦，1895—1896年就读于伦敦经济学院（London School of Economics）。与此同时，比尔继续为德国社会民主党工作，担任过《慕尼黑邮报》、纽约《工人报》以及《前进报》和《新时代》等报刊的通讯员。

第一次世界大战期间，比尔被怀疑为"不良外国人"，不得不离开英国，在柏林以翻译为谋生手段。1919—1921年成为柏林《警钟周报》的出版人。1927—1929年在设于莫斯科的马克思恩格斯研究所担任图书馆员，后来又成为美因河畔法兰克福大学社会研究所的研究人员。1933年比尔因为种族原因被纳粹政权剥夺国籍，流亡英国，在伦敦从事有关不列颠和国际社会主义的研究和著述工作。1938年获得英国国籍。

比尔终生从事新闻出版和历史研究工作，除了写作大量报刊文章外，还出版了《英国社会主义的历史》（斯图加特1913）、《欧洲的战争谈判》（伯尔尼1915）、

三、德国早期马克思主义史学的分化和外流

《让·饶勒斯：他的生平事迹》（柏林-卡尔斯豪特1915）、《卡尔·马克思》（柏林1918）、《当代不列颠社会主义，1910—1920》（斯图加特1920）和《社会主义和社会斗争通史》（五卷本，柏林1919—1923）等著作，其中最重要的就是《社会主义和社会斗争通史》这一鸿篇巨制。[1]

《社会主义和社会斗争通史》一书的写作与国际社会民主党在19世纪90年代制订的出版一部大型社会主义史著作计划密切相关，内容上则深受考茨基《近代社会主义的先驱》和梅林《德国社会民主党史》的影响。虽然比尔对于马克思主义的认识有一定的局限，特别是他在叙述马克思主义的历史时存在着简单化的缺点，但他的著作比较全面系统地论述了社会主义思想的整个发展历程和与之相应的所有重大社会革命运动，包含有大量出自社会主义思想史和社会斗争史的

---

[1] 参见 Max Beer, *Allgemeine Geschichte des Sozialismus und der sozialen Kämpfe*, Teil 1. *Altertum*, Berlin: Verl. für Sozialwiss., 1919, 1921, 1922; Teil 2. *Mittelalter*, Berlin: Verl. für Sozialwiss., 1921, 1922; Teil 3. *Neuere Zeit vom 14. bis 18. Jahrhundert,* Berlin: Verl. für Sozialwiss., 1921, 1922; Teil 4. *Die Zeit 1770—1860*, Berlin: Verl. für Sozialwiss., 1922, 1923; Teil 5. *Die neueste Zeit bis 1920*, Berlin: Verl. für Sozialwiss., 1923。

珍贵资料,是对共产党人的马克思主义历史编纂的有益补充,对于共产党人的群众宣传工作也发挥了极大的帮助作用并产生了积极影响。

《社会主义和社会斗争通史》一书最初由半官方的社会民主党社会科学出版社出版发行,自1919年起,开始分册出版,到1924年所有5个分册又被集中成为一卷本出版。然而由于比尔公开表明倾向德国共产党和共产国际,社会民主党社会科学出版社遂拒绝继续出版他的著作。因此,其第6和第7版是在赫尔曼·邓克尔的协助下,由德国共产党的新德意志出版社于1929年和1932年出版发行的。[1]比尔的著作在国际上引起了极大关注,刚一出版就被翻译成了俄文。[2]

2. 卡尔·柯尔施

卡尔·柯尔施出生于德国土托斯推托的一个银行

---

[1] 参见 Max Beer, *Allgemeine Geschichte des Sozialismus und der sozialen Kämpfe*, 5. Auflag in einem Band, Berlin: Verl. für Sozialwiss., 1924; 6. Aufl., Berlin: Neuer Dt. Verl., 1929; 7. und. 8. Aufl., Berlin: Neuer Dt. Verl., 1932。

[2] Klaus Kinner, *Marxistische deutsche Geschichte 1917 bis 1933: Geschichte und Politik im Kampf der KPD*, Berlin: Akad.–Verl., 1982, S. 33.

三、德国早期马克思主义史学的分化和外流

家家庭。学生时期,他积极参加"自由学生运动",曾担任《耶纳大学学报》编辑,发表过关于社会改革和妇女解放的文章。1910年在耶纳大学获法学博士学位。1912年到英国伦敦从事研究;在那里,他加入费边社,接受了改良主义思想。第一次世界大战爆发后,柯尔施被迫应征入伍,但他对这场帝国主义战争始终持反对态度,1917年加入德国独立社会民主党,积极从事革命运动。

1918年德国十一月革命爆发后,柯尔施立即投身其中,成为柏林社会化委员会委员,革命刊物《工人委员会》的撰稿人。

魏玛共和国建立后,柯尔施回到耶纳大学担任教师。通过对革命运动的批判性反思,他逐渐转向了马克思主义。1920年,德国独立社会民主党发生分裂,柯尔施加入了德国共产党,但他对列宁主义有一些保留意见。1923年10月之后,柯尔施加入了以马斯洛夫和费舍尔为首的"极左派"集团,并成为德共的主要发言人之一,担任了德共理论刊物《国际》杂志的编辑。此外,他还被选入国家议会,成为共产党人议员,直至1928年。

1925年2月,柯尔施因被撤销《国际》杂志的编辑职务而与德共领导人产生了公开对抗。他还以《共产主义政治》杂志为核心,在1926年3月建立了一个"真正的左派"组织。柯尔施反对德共的"相对稳定"论和与社会民主党建立联合阵线的政策,主张采取"明确的革命阶级政策",组织和动员失业工人,建立独立工会,创造一个建立在工人委员会基础上的社会主义国家。不仅如此,柯尔施还反对列宁的新经济政策;指责苏维埃国家实行"富农的专政";称斯大林为"农民拿破仑",共产国际已经成了俄国对外政策的工具,"相对稳定"论反映了一个防御性国家企图与世界资本主义结成联盟的需要。[1]

1926年4月,柯尔施被开除出党。其追随者联合在靠他的议员津贴资助的《共产主义政治》杂志周围,企图在作为德共的派别和新党之间采取一种中间态度,坚决反对共产主义运动处于退却状态的说法。与此同时,柯尔施还与挪威左派共产主义者和意大利波

---

[1] 参见《马克思主义和哲学》的英译本导言,载〔德〕卡尔·柯尔施《马克思主义和哲学》,王南湜、荣新海译,张峰校,重庆出版社1989年版,第8—24页。

三、德国早期马克思主义史学的分化和外流

尔迪加集团有着国际性联系。1928年,《共产主义政治》停刊,柯尔施未再参加任何政治组织,但仍坚持马克思主义的理论观点,继续写作和讲演,并与早在两年前就出席他关于马克思主义的讲座的贝托尔特·布莱希特建立了一种密切的精神友谊。

1933年希特勒上台后,柯尔施先是流亡丹麦、英国,1936年迁居美国,在大学和研究所从事教学和理论研究工作。[1]

柯尔施出版有《马克思主义和哲学》(1923)、《唯物主义历史观》(1929)、《马克思主义哲学》(1930)、《关于黑格尔与革命的提纲》(1931)、《卡尔·马克思》(1938)等论述马克思主义理论的著作。在这些著作中,他严厉批判了第二国际和考茨基的"正统派"理论,阐述了他本人有关马克思主义历史理论的认识和解说。

柯尔施强调马克思主义的本质是"辩证的和革命的",是"完全非教条的和反教条的、历史的和批判

---

[1] 参见《马克思主义和哲学》的英译本导言,载〔德〕卡尔·柯尔施《马克思主义和哲学》,王南湜、荣新海译,张峰校,重庆出版社1989年版,第8—24页。

的",它以"辩证的和历史的唯物主义"为基础,以"改变现实"为主要目标。[1] 针对第二国际的社会民主党理论家把马克思主义说成是一门可以脱离实践、没有任何价值判断的实证科学的观点,柯尔施断言,马克思主义理论的原初形态就是社会革命理论,马克思主义理论在长时间的发展过程中虽然不可避免地要发生重大变化,但是其本质并没有变。马克思和恩格斯的马克思主义作为科学社会主义"仍然是社会革命的唯一整体"。[2] 第二国际社会民主党理论家之所以极力强调科学主义,主要是为了把马克思主义变成一种纯理论,极力淡化其社会革命要求,把工人阶级的政治斗争引向改良主义,从资本主义制度和平"长入社会主义"。

在柯尔施看来,马克思的辩证唯物主义与黑格尔的辩证唯心主义有密切的历史性联系。他也试图运用历史唯物主义方法来考察马克思主义理论的历史发展过程。他断言,在1848年,德国资产阶级曾经是一

---

[1] 中国人民大学马列主义发展史研究所编:《马克思主义史》第三卷《马克思主义在社会主义胜利中发展》,梁树发主编,陈先奎副主编,人民出版社1996年版,第220—221页。

[2] 同上书,第222页。

三、德国早期马克思主义史学的分化和外流

个处于上升阶段的、革命的阶级,而黑格尔的辩证唯心主义恰恰是这个阶级的理论代表。然而,随着德国资产阶级革命热情的消退,黑格尔的辩证唯心主义也就日益衰落了。新的革命阶级是无产阶级,它在辩证唯物主义之中找到了自己理论上的表达。因此资产阶级哲学和马克思的唯物主义之间的历史关系,只能在马克思主义的唯物主义基本世界观之内来理解。马克思主义不是哲学,而是哲学的继承人。马克思超越了"哲学",但继承了作为古典唯心主义独具特征的理论和实践的辩证相互关系,并第一次给了它唯物主义的基础。[1]

柯尔施还研究了马克思主义同古典经济学理论的关系,追溯了马克思的思想从哲学到科学的逐渐发展。在他看来,像黑格尔一样,李嘉图也在资产阶级思想的发展中达到了它的极限,他的学说兴衰也揭露了资产阶级思想作为一种阶级意识形态的内在矛盾。马克思在早期仍然处于哲学的残余影响之下,只是到了后

---

[1] 参见《马克思主义和哲学》的英译本导言,载〔德〕卡尔·柯尔施《马克思主义和哲学》,王南湜、荣新海译,张峰校,重庆出版社1989年版,第8—24页。

期,通过政治经济学批判,马克思主义才成为真正的科学。马克思的经济学理论虽然不是一个分析系统,但却是对资本主义社会秩序的革命批判。[1]

柯尔施特别强调历史唯物主义在马克思主义中的重要性,甚至把马克思主义的唯物主义完全归结为历史唯物主义。在他看来,马克思主义哲学就是辩证唯物主义,而这种辩证唯物主义实际上是这样一种唯物主义,"它的理论认识了社会和历史的整体,而它的实践则颠覆了这个整体",它是一种与费尔巴哈的"抽象-科学的唯物主义"和"所有其他抽象的唯物主义"相对立的唯物主义,它的本质内容便是对实践的客观观察和直接实践。就马克思主义的唯物主义来说,辩证法与历史性和社会性是同一的。马克思主义哲学既是辩证唯物主义,又是"一种把社会发展作为活的整体来理解和把握的理论",是"对'社会历史'生活的

---

[1] 参见《马克思主义和哲学》的英译本导言,载〔德〕卡尔·柯尔施《马克思主义和哲学》,王南湜、荣新海译,张峰校,重庆出版社1989年版,第8—24页。

三、德国早期马克思主义史学的分化和外流

唯物主义的理解"。[1]

这种把马克思主义看作一种"批判的""实践的"革命理论和社会历史理论的观点,对后来的"西方马克思主义"者,尤其是德国的"法兰克福学派"思想家产生了很大影响,后者的"社会批判理论"在很大程度上是受柯尔施著作的启发而形成的。

3. 阿图尔·罗森贝格

阿图尔·罗森贝格出生于柏林一个犹太商人家庭,1907年起在柏林大学学习历史和古典语言学,1911年获得博士学位,1914年完成教授论文。在十一月革命的影响下,罗森贝格参与了政治斗争,先是成为独立社会民主党人,1920年又加入德国共产党,成为柏林市议员,进入德共主席团和中央委员会,并参加了共产国际的执行委员会。1924年,罗森贝格被选为魏玛共和国国家议会议员,主要在负责外交事务的国会委员会和探讨德国在世界大战中战败原因的调查委员

---

[1] 中国人民大学马列主义发展史研究所编:《马克思主义史》第三卷《马克思主义在社会主义胜利中发展》,梁树发主编,陈先奎副主编,人民出版社1996年版,第226—227页。

会中工作。

在德国共产党党内的路线斗争中,罗森贝格最终靠近了极左的反对派,但在看到革命潮流不可遏制地低落消退,德国共产党的革命口号蜕变为僵化呆滞的套语并为从外部接受来的意识形态进行辩护之后,他深感失望,遂在1927年4月宣布脱离德共,完全退出了政治活动。

不过,罗森贝格并没有因此而丧失对马克思主义的信仰,虽然未再加入任何政党或政治组织,但作为一位独立的社会主义者,他继续进行探索,致力于研究导致社会主义运动失败和法西斯运动兴起的原因。在希特勒和纳粹党夺取政权之后,他先是流亡苏黎世,后来又应邀到利物浦做客座教授,1938年在纽约布鲁克林学院获得了一个教职。此后,他定居美国,直到1943年2月7日逝世。[1]

罗森贝格早年主要从事古罗马史研究,加入德国共产党后才开始按照马克思主义的理论观点研究德国

---

[1] 关于罗森贝格的生平,参见 Helmut Berding, *Arthur Rosenberg*, in: Hans-Ulrich Wehler (Hrsg.), *Deutsche Historiker*, 5 Bänden, Göttingen: Vandenhoeck & Ruprecht, 1973, S. 457—472, hier S. 457—459。

三、德国早期马克思主义史学的分化和外流

近现代史,出版了《1871—1918年德意志共和国的形成》(柏林1928)、《从马克思到目前的布尔什维主义史》(柏林1932)、《作为群众运动的法西斯主义——它的兴起和瓦解》(卡尔斯巴德1934)、《德意志共和国史》(卡尔斯巴德1935)和《民主与社会主义——关于近150年的政治史》(阿姆斯特丹1938)等重要著作,在国际上产生了较大影响。

罗森贝格把黑格尔-马克思的历史观称作他的和所有"富有成果的"历史编纂的不可动摇的基础,但他反对把历史唯物主义系统化地编织成一种封闭的历史观的做法。在这一点上,他与其同样是极左派的党内朋友卡尔·柯尔施的意见完全一致。与把历史唯物主义"一元论"完全绝对化并把历史置于客观主义的强制性之下的马克思主义正统派不同,罗森贝格以马克思主义历史理论的"实践观念"为出发点,认为历史无非是个人和团体按照需求和根据形势进行活动的结果。在这样的历史观念指导下,构造体系的历史哲学必然会退居到历史学之后;历史哲学着眼于历史的整体性,而历史学则强调经验和实证,它仅仅是借助于哲学来阐述一般化的理论并据此上升为一种普遍性

科学而已。[1]

罗森贝格把马克思和恩格斯在《德意志意识形态》中所阐述的历史观看作是其历史研究的准则,这就是:"从直接生活的物质生产出发来考察现实的生产过程,并把与该生产方式相联系的、它所产生的交往形式,即各个不同阶段上的市民社会,理解为整个历史的基础;然后必须在国家生活的范围内描述市民社会的活动,同时从市民社会出发来阐明各种不同的理论产物和意识形态,如宗教、哲学、道德等等,并在这个基础上追溯它们产生的过程。这样做当然就能够完整地描述全部过程(因而也就能够描述这个过程的各个不同方面之间的相互作用)了。"[2] 但他是在最一般的、把这一历史观看作是有关社会经济因素和政治意识形态因素的相互作用理论的层面上来理解的。他认为历史是全部历时的和同时的相互依赖的编织物,必须从"总

---

[1] Helmut Berding, *Arthur Rosenberg*, in: Hans-Ulrich Wehler (Hrsg.), *Deutsche Historiker*, 5 Bänden, Göttingen: Vandenhoeck & Ruprecht, 1973, S. 457—472, hier S. 460.

[2] 〔德〕卡尔·马克思,弗里德里希·恩格斯:《德意志意识形态》,载中共中央马克思恩格斯列宁斯大林著作编译局编译《马克思恩格斯全集》第三卷,人民出版社 2002 年第 2 版,第 42—43 页。

三、德国早期马克思主义史学的分化和外流

体上"把握历史学,这就是说,要考虑到全部的社会关联。但在众多决定着历史进程的因素中人们又无法确定哪一个是唯一的决定性因素,历史进程也决不会屈从于经济的强制或者诸如此类的实体化结构。历史的主体只能是各种各样自主活动的人。他们也在相互依赖关系中处于核心地位。不过,罗森贝格并不抽象地把作为历史主体的人看作某种由各种各样的、相互影响的因素构成的作用关系的联系点,而是把特定的社会团体视为在具体历史形势下产生的历史运动的主体。这个特定的社会团体是在与其他社会团体做出比较后才确定其地位的,也是在历史发展的过程中确定其作用的。历史科学的真正研究对象是社会力量对比关系的实际变化。

对于罗森贝格来说,历史的一般概念仅仅是把握具体历史形势的一个调整模式,它们从来都不是某些决定性因素的被动产物,而是始终具有可选择的继续发展的可能性的。就其整个风格来说,罗森贝格的历史编纂完全是以下列意图为出发点的,这就是在享有特权的和不享有特权的社会团体的冲突中,揭示特定条件下可能出现的实际发展情况。只有对"巨大的实

践维度"进行认真细致的深入研究,这样的研究计划才不会成为冒险的、从自己的意愿中产生出来的历史推测。在其现实主义地评估力量对抗的尝试中,罗森贝格既重视诸如掌握着军队的国家政权或者国家官僚机构等直接的强权因素,也重视经济利益集团或者政治斗争中的意识形态成分,因为在他看来,某个社会团体或阶级的行为绝不仅仅由直接的经济利益所决定,而是也受意识形态影响的,这种意识形态在捍卫某个社会团体或阶级的社会地位方面具有不可或缺的重要性。[1]

罗森贝格认为,唯物主义的历史观就是对人类生活的所有表现形式进行辩证分析,它抨击现存的一切事物,并且认为所有现存的事物都不是先天就有的,也不会永恒地存在下去。从分析的角度来说,所有道德的、哲学的、宗教的或法律的观念都起源于变化无常的社会实际;从批判的角度来说,它包含了对某个特定社会团体或阶级的立场态度的评论。在罗森贝格

---

[1] Helmut Berding, *Arthur Rosenberg*, in: Hans-Ulrich Wehler (Hrsg.), *Deutsche Historiker*, 5 Bänden, Göttingen: Vandenhoeck & Ruprecht, 1973, S. 457—472, hier S. 461—462.

三、德国早期马克思主义史学的分化和外流

看来,马克思主义承认任何认识都不可避免带有某种阶级性,所有历史编纂也都具有特定的"党派立场"。但采取何种原则来处理两者之间的辩证统一,这是一个长期存在着争议的马克思主义历史理论和历史方法的问题。罗森贝格并不把"党派立场"理解为使历史研究服从党的纪律行为。他也一再强调他本人是"在完全独立于政党或团体利益的情况下"进行写作的。然而,从一种极其广泛的意义上说,他的历史编纂无疑是"与阶级相联系的"。罗森贝格基本上是从无产阶级的立场观点出发,也是为了无产阶级的利益,评判和论述历史的,但他既没有把无产阶级等同于某个特定政党,也没有从社会学上把无产阶级与工业社会密切联系起来,而是把无产阶级——即使并非毫无自相矛盾之处——理解为全体被统治的无特权社会阶层。他把人民区别为社会主义的无产阶级和所谓的资产阶级两部分,在此,"资产阶级"系指除了工厂工人之外的所有人,是完全非马克思主义的。而马克思所认为的资产阶级只是人民当中的一小部分人,是由那些占

有重要的社会生产工具的人构成的。[1]罗森贝格的历史编纂就其作为科学分析和着眼于实践的启蒙批判的双重功能而言，是符合"人民"的解放利益的。罗森贝格研究现代社会的发展趋势，目的在于说明消除统治的条件，同时也是要对这些创造性行为产生影响。

罗森贝格在出版于1928年的《1871—1918年德意志共和国的形成》一书中，对德意志帝国的历史进行了批判分析，提出了一个在魏玛共和国末期引起巨大轰动的命题。罗森贝格认为，俾斯麦"自上面起"建立的帝国是一个妥协的产物，妥协的双方一是德国占有财产的资产阶级，一是普鲁士军事贵族。俾斯麦成功地以"波拿巴主义的独裁统治形式"，在这两个既相互吸引又相互排斥的社会领导阶层之间搞平衡，而缺乏领导能力的德意志帝国末代皇帝威廉二世只知道依靠笼络政策把各派力量非常勉强地集中在一起。然而，直到世界大战将近结束之际，德国还未建立起完善的议会民主制，自由派资产阶级和社会民主党都没

---

[1] Helmut Berding, *Arthur Rosenberg*, in: Hans-Ulrich Wehler (Hrsg.), *Deutsche Historiker*, 5 Bänden, Göttingen: Vandenhoeck & Ruprecht, 1973, S. 457—472, hier S. 463.

三、德国早期马克思主义史学的分化和外流

有真正执掌政权。由此可见,由世界大战引起的政治动荡必然导致德意志帝国完全毁灭的结局。在军事贵族的统治支柱倾倒后,国家政权几乎未经过战斗就落到了俾斯麦帝国的传统敌人、后来主张缔结和约的人们手中。1918年十一月革命的爆发是必然的,也是必要的。对此,只要对1890年的形势有所了解,对其所有可能的后果予以全盘考虑,就完全可以理解了。[1]

1935年在卡尔斯巴德出版的《德意志共和国史》一书,是罗森贝格在流亡途中写成的,也是他的所有著作中最为重要的一部。在这部著作中,罗森贝格对所谓的"社会民主党与资产阶级政党的合作是德国革命的灾难"的观点提出了异议。在他看来,如果政府能够通过没收大地产和矿山以及经济民主化等果断的政策,"把中间阶层也拉到自己一边",那么,即使在魏玛宪法的基础上,民主与社会主义也还是完全有可能在德国得到建立和巩固的。然而,社会民主党人不想放弃其原有的政策,其目标仅仅是,并且继续是社

---

[1] Helmut Berding, *Arthur Rosenberg*, in: Hans-Ulrich Wehler (Hrsg.), *Deutsche Historiker*, 5 Bänden, Göttingen: Vandenhoeck & Ruprecht, 1973, S. 457—472, hier S. 467.

会政策和选举权。他们缺乏真正的权力意志，迷恋于把顾问委员会与布尔什维主义相互等同起来的思想，幻想同旧体制的官员和司法机构一起建设一个革命的国家，但这是根本不可能的。[1]

罗森贝格关于魏玛共和国的著作首先在美国和英国引起了强烈反响，二战结束后也在德国受到了密切关注。特别是在20世纪50年代，在德意志联邦共和国年青一代历史学家成长起来之后，罗森贝格所著的《1871—1918年德意志共和国的形成》和《德意志共和国史》被合并为一书，于1955年在德国出版发行，取名为《魏玛共和国的形成和历史》。同一时期，在联邦德国，反对在此之前一直受到普遍认可的关于革命的"悲剧"进程的观点的学术讨论正在兴起。罗森贝格的命题因为与资产阶级自由派的革命解说针锋相对，具有反权威的挑战性，所以不仅得到了新一代史学家的接受，也有力地推动了联邦德国史学的重新定向。

---

[1] Helmut Berding, *Arthur Rosenberg*, in: Hans-Ulrich Wehler (Hrsg.), *Deutsche Historiker*, 5 Bänden, Göttingen: Vandenhoeck & Ruprecht, 1973, S. 457—472, hier S.467—468.

结　语

德国是马克思和恩格斯的故乡，但不能因此就认为马克思主义完全是德国的产物。实际上，在马克思主义的三个来源和三个组成部分中，除了德国古典哲学外，其他的都不是德国的。而从马克思主义产生的历史条件来看，19世纪40—50年代的德国也不具备马克思主义产生的历史条件。当时的德国仅仅是个地理概念，而将德意志诸邦国联系在一起的"德意志同盟"并非一个统一的民族国家。政治上的分裂割据严重阻碍了德国资本主义经济的发展和无产阶级力量的壮大，马克思和恩格斯主要是在英国和法国等更为先进、发达的工业化国家，通过亲自参加工人运动，认真研究英国古典经济学和法国空想社会主义，才最终创立了以唯物史观和剩余价值学说为基础的无产阶级革命的思想体系和科学社会主义理论的。

马克思主义不仅不完全是德国的产物，其在德国的传播和接受也经历了一个颇为复杂曲折的过程。盖在马克思主义传入德国时，正值俾斯麦担任首相的普鲁士通过"铁血政策"统一德国之际，而俾斯麦作为封建统治阶级容克贵族的代表对于方兴未艾的工人运动又采取了既拉拢又打击的"糖果和大棒"政策：一方面他通过所谓的"社会立法"，为深受资本家剥削压迫的工人阶级提供了一定的福利；另一方面他又坚决反对工人阶级从事独立的政治斗争，颁布"非常法"，对德国社会民主党实施严厉镇压。而随着德国经济在19世纪后半期的迅速发展和广大民众生活水平的不断提高，在德国社会民主党内放弃阶级斗争、幻想利用现有的民主权利"和平长入社会主义"的修正主义思潮日益泛滥，最终导致左、中、右三大派的分裂。马克思主义的无产阶级革命理论遭到德国社会民主党多数的抛弃，只有一小部分激进的左派顽强坚持。

俄国十月革命胜利后，马克思主义进一步发展到了马克思列宁主义阶段。对于俄国十月革命和列宁主义，德国共产党内部态度不一，分歧严重。德共领导

结　语

人大都主张以布尔什维克的理论和实践为评判尺度，服从共产国际的命令和指示。但也有一部分德共党员坚持马克思主义原典，力图对马克思主义作出更加精确的解说。极左的反对派被开除出党，德共自身的力量受到严重削弱。而在希特勒纳粹政权建立后，曾经对纳粹运动进行过最坚决抵制的德国共产党被取缔，马克思列宁主义也遭到完全禁止。

马克思主义在德国传播的艰难历程，在很大程度上制约了德国马克思主义史学的发展。尽管出现过像弗兰茨·梅林这样的杰出的马克思主义史学家，也有阿图尔·罗森贝格之类的非正统马克思主义史学家，但从总体上说，德国早期马克思主义史学的成就还是比较有限的，与英国、法国、意大利的马克思主义史学相比更显逊色。

参考文献

[1] Hans-Josef Steinberg, *Friedrich Engels*, in: Hans-Ulrich Wehler (Hrsg.), *Deutsche Historiker*, Göttingen: Vandenhoeck & Ruprecht, 1973.

[2] Hans-Josef Steinberg, *Karl Kautsky und Eduard Berstein*, in: Hans-Ulrich Wehler (Hrsg.), *Deutsche Historiker*, Göttingen: Vandenhoeck & Ruprecht, 1973.

[3] Helga Grebing/Monika Kramme, *Franz Mehring*, in: Hans-Ulrich Wehler (Hrsg.), *Deutsche Historiker*, Göttingen: Vandenhoeck & Ruprecht, 1973.

[4] Helmut Berding, *Arthur Rosenberg*, in: Hans-Ulrich Wehler (Hrsg.), *Deutsche Historiker*, 5 Bänden, Göttingen: Vandenhoeck & Ruprecht, 1973.

[5] Klaus Kinner, *Marxistische deutsche Geschichte 1917 bis 1933: Geschichte und Politik im Kampf der KPD*. Berlin: Akad.-Verl., 1982.

[6] Max Beer, *Allgemeine Geschichte des Sozialismus und der sozialen Kämpfe*, Teil 1. *Altertum*, Berlin: Verl. f ü r Sozialwiss., 1919, 1921, 1922; Teil 2. *Mittelalter*, Berlin: Verl. f ü r Sozialwiss., 1921, 1922; Teil 3. *Neuere Zeit vom 14. bis 18. Jahrhundert*, Berlin: Verl. f ü r Sozialwiss., 1921, 1922; Teil 4. *Die Zeit 1770—1860*, Berlin: Verl. f ü r Sozialwiss., 1922, 1923; Teil 5. *Die neueste Zeit bis 1920*, Berlin: Verl. f ü r Sozialwiss., 1923.

[7] Max Beer, *Allgemeine Geschichte des Sozialismus und der sozialen Kämpfe*, 5. Auflag in einem Band, Berlin: Verl. f ü r Sozialwiss., 1924; 6. Aufl., Berlin: Neuer Dt. Verl., 1929; 7. und. 8. Aufl., Berlin: Neuer Dt. Verl., 1932.

[8] Wolfgang J. Mommsen, *Die Urkatastrophe Deutschlands: Der Erste Weltkrieg 1914—1918*, Stuttgart: Klett-Cotta, 2002.

［9］〔德〕卡尔·马克思:《政治经济学批判》序言，载中共中央马克思恩格斯列宁斯大林著作编译局编译《马克思恩格斯选集》第二卷，人民出版社1995年第2版。

［10］〔德〕卡尔·马克思:《霍亨索伦王朝的神权》，载中共中央马克思恩格斯列宁斯大林著作编译局编译《马克思恩格斯全集》第十二卷，人民出版社1998年版。

［11］〔德〕卡尔·马克思，弗里德里希·恩格斯:《德意志意识形态》，载中共中央马克思恩格斯列宁斯大林著作编译局编译《马克思恩格斯全集》第三卷，人民出版社2002年第2版。

［12］〔德〕弗里德里希·恩格斯:《恩格斯致弗·梅林（1893年7月14日于伦敦)》，载中共中央马克思恩格斯列宁斯大林著作编译局编译《马克思恩格斯选集》第四卷，人民出版社1995年第2版。

［13］〔德〕弗·梅林:《德国社会民主党史》第一卷《现代科学共产主义(1830—1848)》，青载繁译，生活·读书·新知三联书店1963年版。

[14]〔德〕弗·梅林:《德国社会民主党史》第二卷《三月革命及其后果(1848—1863)》,青载繁译,生活·读书·新知三联书店1964年版。

[15]〔德〕弗·梅林:《德国社会民主党史》第三卷《拉萨尔的鼓动,党派的争论(1863—1869)》,青载繁译,生活·读书·新知三联书店1965年版。

[16]〔德〕弗·梅林:《德国社会民主党史》第四卷《党的合并,反社会党人法时期(1869—1891)》,青载繁译,生活·读书·新知三联书店1966年版。

[17]〔德〕弗·梅林:《马克思传》,樊集译,持平校,人民出版社1965年版。

[18]〔德〕卡尔·柯尔施:《马克思主义和哲学》,王南湜、荣新海译,张峰校,重庆出版社1989年版。

[19]〔德〕罗莎·卢森堡:《论俄国革命·书信集》,殷叙彝、傅惟慈、郭颐顿等译,贵州人民出版社2001年版。

[20]〔德〕梅林:《论历史唯物主义》,载梅林《保卫马克思主义》,吉洪译,人民出版社1982年版。

[21]〔美〕科佩尔·S.平森:《德国近现代史——它的历史和文化》上册,范德一译,商务印书馆

1987年版。

[22]〔美〕伊格尔斯:《历史研究国际手册——当代史学研究和理论》,陈海宏、刘文涛、李玉林等译,华夏出版社1989年版。

[23]〔民主德国〕霍尔斯特·巴特尔、英格里特·米滕茨威、瓦尔特·施密特:《普鲁士与德国历史》,《世界历史译丛》1980年第6期。

[24]〔民主德国〕约·施拉夫斯坦:《梅林传——他的马克思主义创作(1891—1919)》,邓仁娥等译,人民出版社1989年版。

[25]曾瑞明:《反批判与深度阐释:梅林对历史唯物主义的贡献》,载《历史教学》(高校版)2008年第8期。

[26]侯倩:《论弗兰茨·梅林对唯物史观的解读——兼论对推进马克思主义时代化的当代启示》,浙江师范大学2012年硕士学位论文。

[27]贾向云:《马克思思想传记理论研究初探——梅林〈马克思传〉得失评析》,载《高校理论战线》2012年第1期。

[28]李旸:《历史镜像中的真实与错位——评梅林的

〈马克思传〉》,载《理论视野》2018年第4期。

[29] 林泳贤:《弗兰茨·梅林对历史唯物主义的捍卫与发展及其当代启示》,福建师范大学2016年硕士学位论文。

[30] 刘微娜:《梅林对历史唯物主义传播和发展的贡献、局限与启示》,载《河北学刊》2016年第5期。

[31] 陆世澄:《弗兰茨·梅林》,载《世界历史译丛》1980年第6期。

[32] 陆世澄:《弗兰茨·梅林致布尔什维克的公开信(1918年6月3日)》,载《教学与研究》1981年第5期。

[33] 陆世澄:《梅林在史学上的重要贡献》,载《世界历史》1980年第6期。

[34] 乃尔:《书刊简介〈梅林——革命家、学者、政论家〉》,载《世界史研究动态》1981年第1期。

[35] 帅能应主编:《发达资本主义国家共产党的历史与现状》,中国人民大学出版社1990年版。

[36] 土平:《梅林〈马克思传〉与马克思主义的传播》,河北大学2012年硕士学位论文。

[37] 中国人民大学马列主义发展史研究所编:《马克

思主义史》第三卷《马克思主义在社会主义胜利中发展》，梁树发主编，陈先奎副主编，人民出版社1996年版。

[38] 中国人民大学马列主义发展史研究所编：《马克思主义史》第一卷《马克思主义的形成和奠基》，庄福龄主编，冯景源、顾海良副主编，人民出版社1996年版。

[39] 周丹：《阐释、捍卫和传播：梅林对马克思主义的贡献》，湖北大学2014年硕士学位论文。

[40] 周容：《弗兰茨·梅林》，载《当代世界与社会主义》1981年第3期。

[41] 周新原：《梅林〈论历史唯物主义〉的理论贡献》，载《牡丹江大学学报》2014年第3期。